WARUM LÄSST GOTT
NATURKATASTROPHEN ZU?

WARUM LÄSST GOTT NATURKATASTROPHEN ZU?

David Pawson

Anchor

Copyright © 2009, 2025 David Pawson Ministry CIO

Original title: Why does God allow natural disasters?

David Pawson ist gemäß dem Copyright,
Designs and Patents Act 1988 der Urheber dieses Werkes.
Alle Rechte vorbehalten

Herausgeber der deutschen Ausgabe 2025 in Großbritannien:
Anchor, ein Handelsname von David Pawson Publishing Ltd.,
Synegis House, 21 Crockhamwell Road,
Woodley, Reading RG5 3LE

Dieses Werk ist urheberrechtlich geschützt. Ohne vorherige schriftliche Genehmigung des Verlages darf kein Teil dieses Buches in irgendeiner Form vervielfältigt oder weitergegeben werden. Das betrifft auch die elektronische oder mechanische Vervielfältigung und Weitergabe, einschließlich Fotokopien, Aufzeichnungen und Systemen zur Informations- und Datenspeicherung und deren Wiedergewinnung.

Übersetzung aus dem Englischen:
Werner Geischberger, Anita und Tilman Janzarik

Alle Bibelzitate stammen aus der Revidierten
Elberfelder Bibel 2006, es sei denn, sie sind anderweitig gekennzeichnet.

KOSTENLOSE DOWNLOADS:
www.davidpawson.org

Weitere Informationen:
info@davidpawsonministry.com

ISBN 978-1-917360-12-8

Druck: Ingram Spark

ZUM GELEIT

Dieses Buch basiert auf einer im Fernsehen ausgestrahlten Vortragsreihe, die ich nach dem Tsunami in Asien hielt.

Da es dem gesprochenen Wort entspringt, wird es sich in der Wahrnehmung vieler Leser stilistisch etwas von meinem üblichen geschriebenen Stil unterscheiden. Es bleibt zu hoffen, dass dies nicht von der Substanz der hierin enthaltenen biblischen Lehre ablenkt.

Wie immer bitte ich den Leser, alles, was ich sage oder schreibe, mit dem zu vergleichen, was in der Bibel geschrieben steht und sich - falls an irgendeiner Stelle Konflikte augenscheinlich werden sollten - stets auf die klare Lehre der Schrift zu verlassen.

David Pawson

Inhalt

	Zum Geleit	5
	Vorwort des Übersetzers	9
1	Trägt Gott Schuld?	11
2	Haben Christen die Antwort gefunden?	15
3	Wie ist Gott wirklich?	21
4	Haben wir Katastrophen verdient?	55
5	Werden sie jemals aufhören?	63

VORWORT DES ÜBERSETZERS

Naturkatastrophen - wir können uns ihnen nicht mehr entziehen, so sehr wir auch die Augen davor verschließen wollen, dass sie nicht mehr nur ferne Länder treffen, sondern vermehrt auch uns in Europa und - sei es durch das Elbhochwasser 2002 oder den Sturm „Kyrill" im Jahr 2007 - auch Deutschland nicht mehr davon verschont wird.

Nachdem uns die Medien Katastrophen und das damit verbundene unermessliche Leid in Echtzeit in unsere Wohnzimmer übertragen, taucht nach dem Schock und der Trauer beinahe reflexartig die immer wiederkehrende Frage auf: „Warum hat Gott das zugelassen?" Oder: „Wenn er schon (wie manche behaupten) ein Gott der Liebe ist, warum hat er das dann nicht verhindert?"

Genau an diesem Punkt setzt David Pawson, der Autor dieses Buchs, an. In seiner unverwechselbaren, zwingenden Art streift er zunächst einige der stereotypen „christlichen" Antworten, mit denen Betroffene nicht selten zufrieden gestellt werden sollen - nur um sich dann offen und schonungslos der eigentlichen Frage zu stellen, der Frage nach der Allmacht und Menschenfreundlichkeit Gottes oder anders formuliert: „Wie ist Gott wirklich?"

David Pawson stellt sich leidenschaftlich zum biblischen Befund und malt uns ein Bild des „einzigen realen Gottes" vor

Augen, der das, was er geschaffen hat, auch in der Hand hat und sich nicht nach vollendetem Schöpfungswerk zur Ruhe begab und uns unserem Schicksal überließ. Dieses „deistische" Gottesbild ist so fern von der Bibel wie die landläufige Meinung, Gottes Liebe sei pauschal, ja regelrecht sentimental, so dass er „so etwas" doch unmöglich zulassen könne. Doch ein Gott, der nur dazu da sei, uns Schmerz und Leid zu ersparen und Wohlbehagen zu schaffen, ist fern der biblischen Aussage. Ja, Gott liebt, aber er verabscheut unsere Missachtung seiner Gebote. Ja, Gott ist gut, doch deshalb muss er das Böse hassen. Ja, Gott ist gerecht, doch deshalb muss er auch die Konsequenzen von gottesfernem Verhalten über die Menschen kommen lassen.

Und so mündet dieses in seiner klaren Gedankenführung bestechende Buch bei dem biblischen Fazit, dass uns die Frage nach dem „Verschulden" von Naturkatastrophen und der scheinbaren Ohnmacht Gottes uns einen Spiegel vorhält: uns Menschen, die wir tun, was wir wollen, die wir Gott ignorieren, bis wir ihn bei Katastrophenereignissen als Sündenbock und Alleinschuldigen hervorholen, nur um davon abzulenken, wie sehr wir selbst „Verursacher" sind.

David Pawson lässt keinen Zweifel: Für Menschen, die die verheerenden Konsequenzen dessen ernten, dass sie sich nicht nur in der Natur, sondern auch im zwischenmenschlichen Bereich gegen alles stemmen, was Gott ihnen geraten hat, ist alles andere als der Tod eine Gnade und diese Gnade ist zugleich die Chance zur Rückkehr zu Gott, eine Chance zur Veränderung unseres Charakters durch das Eingreifen Gottes, der all jene retten möchte, die sich retten lassen wollen. Man kann die Fragestellung dieses Buchs wohl kaum schlüssiger abrunden als mit dieser klaren Darstellung der frohen Botschaft, des Evangeliums von Jesus Christus. Und die von vielen Menschen in aller Welt geschätzte, ehrliche, tiefgründige und auf einem soliden biblischen Weltbild beruhende Art des Autors dürfte auch von kritischen Zeitgenossen nicht so ohne weiteres von der Hand zu weisen sein.

Kapitel 1

TRÄGT GOTT SCHULD?

Es hat schon viele große Katastrophen gegeben und das hat schon oft dazu geführt, dass in der Presse, aber auch in den Gedanken vieler Menschen die Frage aufgeworfen wurde: „Wo war Gott, als das geschah?" Deshalb gehe ich auf eben diese Frage ein, die am häufigsten zur Zeit des Tsunami in Asien und nach „9/11" auftauchte, als die beiden Türme des World Trade Centers in New York zerstört wurden.

Was für ein Unterschied zwischen diesen beiden Ereignissen! Der Tsunami (den ich „26/12" nennen möchte) hat unverhältnismäßig mehr angerichtet und fünfzig Mal so viele Menschen getötet wie 9/11; er vernichtete weitaus mehr Besitz und viele Nationen waren direkt davon betroffen. Doch der größte Unterschied zwischen den beiden Tragödien bestand darin, dass der Tsunami nicht menschlichen Ursprungs war, während die direkten Verursacher von 9/11 Menschen waren. Der Tsunami war deshalb etwas, was Versicherungsgesellschaften als „höhere Gewalt" bezeichnen. Ich bin mir nicht sicher, ob das heutzutage recht viel bedeutet, außer dass es etwas ist, gegen das wir uns nicht versichern können, weil es nicht menschlichen Ursprungs ist. Der Ausdruck „höhere Gewalt" (im Englischen spricht man von einem „Akt Gottes") erscheint den meisten Menschen offenbar genauso bedeutungslos, wie wenn man vor Gericht mit der Hand auf der Bibel schwört, die Wahrheit zu sagen. Das zählt zu den Überbleibseln unserer gottesfürchtigen Vergangenheit.

Anfangs werden wir uns auf den Tsunami in Asien konzentrieren, doch es wird offensichtlich werden, dass viele unserer Beobachtungen in gleicher Weise für andere Naturkatastrophen gelten.

In unserer heutigen Zeit werden wir durch das Fernsehen Zeugen solcher Ereignisse. Wenn wir mit eigenen Augen sehen, wie sie geschehen, dringt ihr Schrecken unmittelbar auf uns ein und wir werden auf die menschlichen Nöte aufmerksam gemacht, die nach dem Katastrophenfall bewältigt werden müssen.

Zunächst sind da enorme physische Anforderungen. Essen, Wasser und Unterkünfte sind nötig, wie auch die medizinische Versorgung der Verletzten und die Bestattung der Toten. Wie ein Strom ergoss sich Hilfe aus aller Welt in jenen Raum am Indischen Ozean, wo sich der Tsunami ereignete. Doch die physische Not weicht sehr schnell der emotionalen Not. Menschen stehen unter Schock und sind traumatisiert. Berater waren nötig, um all jene zu betreuen, die im wahrsten Sinne des Wortes unter einer „Schockwelle" litten. Wenn der Schock allmählich abklingt, muss die nächste Emotion bewältigt werden: Trauer. In solchen Zeiten haben wir großes Mitgefühl für jene, die geliebte Menschen verlieren, wie auch für jene, die auf Nachricht von Familienangehörigen warten. Dabei denke ich immer zurück an die Zeit des Zweiten Weltkriegs, als Familien Telegramme bekamen, auf denen „vermisst" stand. Die Betroffenen fanden in vielen Fällen nie heraus, was eigentlich geschehen war. So erging es meiner Cousine. Sie floh mit ihren beiden Söhnen aus Malaya, als die Japaner kamen. Doch jahrelang wusste sie nicht, ob sie nicht Witwe war. Jahrelang musste sie mit dieser Ungewissheit leben und das war für sie noch schwerer zu ertragen, als wenn man ihr gesagt hatte, dass – wie sie später herausfand – ihr Mann von den Japanern getötet worden sei.

Nach dem Schock kommt also Trauer und Leid und dann der Zorn. Nach jeder Katastrophe kommt der Zorn. Die Menschen suchen nach einem Sündenbock, nach jemandem, dem sie die Schuld geben können und an dem sie ihren Zorn auslassen können. Auch dieser Zorn muss bewältigt werden. Im Falle einer Naturkatastrophe ist der „Sündenbock" natürlich häufig Gott

Trägt Gott Schuld?

selbst. Ich hörte oft, wie Menschen Gott die Schuld am Tsunami gaben. Einem Menschen können sie die Schuld ja nicht in die Schuhe schieben. Sie warfen dem damaligen Premierminister vor, er sei nicht aus seinem Urlaub zurückgekommen, um sich um die Situation zu kümmern. Aber sie wussten ganz genau, dass man keinem menschlichen Wesen die Schuld für das Ereignis geben konnte. Deshalb wurde Gott zu ihrem Sündenbock.

Nach jeder Katastrophe werden die Menschen entweder näher zu Gott hingezogen oder weiter von ihm weggetrieben. Eins von beidem geschieht zwangsläufig mit jedem von uns, auch wenn wir nicht persönlich betroffen sind. Und damit entsteht noch eine dritte Not. Es gibt die physische Not: Nahrung, Wasser, Medikamente und Unterkunft; es gibt die emotionale Not, die aus Schock, Trauer und Zorn resultiert. Doch dann kommen wir zur – wie ich sie nennen möchte – intellektuellen Not. Jeder Mensch verspürt die innere Not, in dem, was geschieht, einen Sinn zu finden, tiefer gehende Fragen zu stellen; und so gehen wir von der ersten und zweiten zu dieser dritten Not weiter, wenn Menschen die wirklich großen Fragen stellen: Wie konnte das geschehen? Was ist die Ursache?

Natürlich gibt es eine wissenschaftliche Antwort darauf, so dass wir wissen, was geschah. Wir wissen, dass zwei tektonische Platten aneinander rieben, sich verhakten, wodurch die Bewegung kurzzeitig gestoppt und dann urplötzlich wieder freigesetzt wurde. Die dabei freigesetzte Energie war so enorm, dass sie sich in einer gigantischen Welle entlud, die quer über den ganzen Indischen Ozean lief. Haben Sie gewusst, dass dabei sogar der Planet Erde in seiner Achse gut fünf Zentimeter hin und her schwankte? Also bewegte sich die ganze Erdkugel. Es war eine gigantische Sache. Aber wir wissen, wie es geschah. Und natürlich stellen wir die Frage „Wie konnte das geschehen?", damit wir es in Zukunft vermeiden oder ihm entkommen können oder zumindest vorgewarnt sind. Das Traurige ist, dass der Pazifik so ein Tsunamiwarnsystem hat, der Indische Ozean (der in einem ärmeren Teil der Welt und weiter von den USA entfernt liegt) hingegen nicht. Das ist die erste Frage, die der Intellekt stellen und beantworten muss.

Aber es gibt noch eine wichtigere Frage, mit der viele Menschen gedanklich ringen und auf die sie eine zufriedenstellende Antwort brauchen, nämlich die Frage nach dem Warum, also nicht einfach nur: „Wie konnte das geschehen?", sondern: „Warum ist das geschehen?" Wir müssen einen „Grund", eine „Ursache" dafür finden, denn wenn es etwas gibt, womit wir nicht umgehen können, dann ist es sinnloses Leid, überflüssiges Leiden, die Verschwendung von Menschenleben und Besitz. Deshalb wollen wir wissen, ob das ganze irgendeinen Grund hat. Hat es in irgendeiner Weise einen Sinn? Oder müssen wir mit etwas leben, das völlig grundlos ist und das uns mit unseren gedanklichen Fragen einfach in der Luft hängen lässt? Nach einer Katastrophe wirkt es möglicherweise immer herzlos, derart objektive Fragen zu diskutieren. Dennoch halte ich es für notwendig, schon allein deshalb, weil Gott die Schuld gegeben wird. Ich möchte die Wahrheit über Gott verteidigen. Ich glaube an ihn. Ich vertraue ihm. Und ich glaube, dass Gott in solchen Situationen vieles zu Unrecht angekreidet wird.

Kapitel 2

HABEN CHRISTEN DIE ANTWORT GEFUNDEN?

Im Folgenden möchte ich auf einige falsche Antworten auf diese Frage eingehen, die zum Teil auch von Christen und christlichen Leitern gegeben werden. Die nun folgenden Ausführungen mögen deshalb etwas negativ wirken, aber ich möchte der richtigen Antwort den Weg bereiten, dem, was ich für die biblische Antwort auf diese entsetzliche Frage, auf diese tiefschürfende Frage „Wo war Gott in alledem?" halte.

Wir müssen der Tatsache ins Auge sehen, dass wir in einer zerbrechlichen (ja sogar feindseligen) Umwelt leben. Mit den Fingerspitzen klammern wir uns ans Leben. Man sagt uns, das ganze riesige Universum dehne sich rasch aus und in diesem gesamten Universum sei der Planet Erde wie ein winziges interstellares Staubkörnchen und da draußen seien Asteroiden, die uns jeden Augenblick treffen und mit der Menschheit so verfahren könnten, wie sie zuvor schon mit den Dinosauriern verfuhren, die ja von der Bildfläche verschwunden sind! Wenn wir uns den Planeten Erde selbst betrachten, wird klar, dass wir in einer Atmosphäre leben, die den Planeten wie eine hauchdünne Hülle umgibt. Sie ist so dünn, dass wir tot sind, wenn wir zehn oder zwölf Kilometer nach oben gehen und wenn wir zehn oder zwölf Kilometer nach unten gehen, sind wir auch tot. Haben Sie gewusst, dass bislang noch kein einziger Mensch einfach so im All war, da man im All nicht leben kann? Wir können Menschen nur hinaufbefördern, wenn wir ihnen eine Kapsel voll Erde mitgeben mit ausreichend Luft von der Erde und Wasser und Nahrung und dann können sie sich ins All hinauswagen. Aber sie sind nicht ins All an sich

WARUM LÄSST GOTT NATURKATASTROPHEN ZU?

hinausgegangen, sie haben vielmehr die Erde mitgenommen. Ein amerikanischer Astronaut wurde einmal gefragt, ob er dort draußen Gott begegnet sei. Er schmunzelte ein wenig und sagte: „Ich wäre ihm begegnet, wenn ich meinen Raumanzug ausgezogen hätte." Wir sind gefangen in dieser winzigen, hauchdünnen Schicht, die den Planeten Erde umgibt, und wissen bereits, wie empfindlich ihr Gleichgewicht ist. Die Erderwärmung ist eine Bedrohung. Das Wetter wurde in den 70er Jahren immer schlechter und ist bis heute immer unbeständiger geworden.

Das Leben ist immer unsicherer geworden. Und inzwischen haben wir auch herausgefunden, dass die Erde unter unseren Füßen gar nicht fest ist. Wir schwimmen auf Felsplatten, den so genannten „tektonischen Platten". Diese kollidieren miteinander und rutschen untereinander weg und werden auf der einen Seite erneuert und auf der anderen Seite wieder aufgelöst.

Das Leben wird also immer zerbrechlicher und auch immer feindseliger. Es ist wirklich erstaunlich, dass überhaupt jemand von uns unter diesen Bedingungen überlebt. Und damit taucht eine drängende Frage auf: Ist da oben einer, der alles in der Hand hat? Hat irgendjemand die Kontrolle über unser Universum oder läuft es einfach nur in seiner Bahn dahin, planlos und zufällig, so dass überall alles geschehen kann? Falls dieses Universum ein Zufall ist, überrascht es nicht, dass Unfälle geschehen. War es jemandes Entscheidung oder bloßer Zufall, dass wir hier sind? Haben wir das irgendeiner Macht zu verdanken oder irgendjemandem? Das ist die grundlegendste philosophische Frage, die der Mensch überhaupt stellen kann. Schon seit Jahrhunderten wird darüber diskutiert und es gibt eine Reihe von Antworten. Ist irgendjemand zuständig? Gibt es einen Gott?

Betrachten wir nun einige unterschiedliche Antworten, die gegeben wurden, denn bei einigen dieser Antworten stellen Tsunamis oder Erdbeben oder irgendwelche anderen Naturkatastrophen kein Problem dar. Bei anderen stellen sie ein schier unlösbares Problem dar.

ATHEISMUS

Beschäftigen wir uns als Erstes mit der Antwort, die man als „Atheismus" bezeichnet. Sie besagt, dass es keinen Gott gibt und sich das Universum zufällig entwickelt hat. Unsere Existenz hier ist Zufall. Mit anderen Worten: Wir haben Glück gehabt. Aus diesem Grund hat der Atheismus kein Problem mit Naturkatastrophen. So ist es nun mal. So hat sich das Ganze eben entwickelt. Wir müssen jede Katastrophe akzeptieren, mit ihr leben und versuchen, in ihr zu überleben. Aber sie stellt kein Problem dar. Es gibt kein intellektuelles „Warum?", da diese Frage irrelevant wird, wenn niemand zuständig ist und niemand die Kontrolle hat, wenn es keinen Gott gibt.

AGNOSTIZISMUS

Es gibt noch einen anderen „ismus" dieser Art, der sehr eng damit verwandt ist, nämlich den so genannten „Agnostizismus", was so viel bedeutet wie: „Man weiß es nicht." Menschen, die nicht wissen, ob es einen Gott gibt oder nicht; Menschen, die einfach nur sagen: „Vielleicht gibt es einen, vielleicht auch nicht." Auch sie haben kein Problem. Wenn Naturkatastrophen etwas bewirken, dann dass sie Agnostiker tendenzmäßig tiefer in den Atheismus hineinführen als in den Theismus, der an Gott glaubt. Aber im Großen und Ganzen haben sie kein echtes Problem damit. Sie stellen diese Frage gar nicht.

POLYTHEISMUS

Dann gibt es noch diesen sonderbaren „ismus" namens „Polytheismus", der besagt, dass es viele Götter gebe, die unsere Umwelt kontrollieren, und dass Naturkatastrophen darauf zurückzuführen seien, dass sich einige dieser Götter mit anderen überwerfen. Wenn Sie an viele Götter glauben, können Sie auch glauben, dass Streitigkeiten unter ihnen diese Katastrophen auslösen.

WARUM LÄSST GOTT NATURKATASTROPHEN ZU?

DUALISMUS

Als Nächstes hätten wir den viel weiter verbreiteten „Dualismus". Der Dualismus ist dazu geneigt, an zwei Götter zu glauben – einen guten und einen bösen. Wenn dort oben zwei Götter sind und einer für all die guten Dinge, die geschehen, verantwortlich ist und der andere für all die bösen Dinge, dann ergibt sich daraus auch kein Problem, denn so ist es nun mal. Einige Christen kommen dem Dualismus schon recht nahe, wenn sie meinen, der Teufel sei genauso stark wie Gott und alles Böse, das auf Erden geschieht, dem Teufel und alles Gute, das geschieht, Gott zuschreiben. Das kann eine Form von Dualismus sein. Doch der Teufel ist ein Geschöpf wie wir. Er ist nicht der Schöpfer. Er ist nicht allmächtig und wir dürfen ihm nicht alles „Böse" zuschreiben, auch wenn wir ihm verhältnismäßig viel davon zuschreiben können.

MONOTHEISMUS

Der „Monotheismus" glaubt, dass es einen Gott gibt, und damit beginnt auch schon das Problem. Wenn es nur einen Gott gibt, dann muss er für Naturkatastrophen verantwortlich sein. Demnach haben weder Atheisten noch Agnostiker noch Polytheisten noch Dualisten das Problem – Monotheisten hingegen sehr wohl. Wenn Sie glauben, dass dies ein „Universum" ist (weil nur eine einzige Person dafür verantwortlich ist), dann muss diese eine Person für das, was darin geschieht, zur Rechenschaft gezogen werden. Doch selbst der Monotheismus wirft eine weitere Frage auf, zu der wir Stellung beziehen müssen. Falls es einen Gott gibt, ergibt sich kein Problem, wenn dieser Gott böse ist. Bestenfalls kümmert er sich nicht um uns und schlimmstenfalls findet er Gefallen daran, uns leiden zu sehen, und ich habe von Leuten schon beide Aussagen gehört. Und wenn Sie glauben, dass der eine Gott, der für dieses Universum verantwortlich ist, ein böser Gott ist, dann gibt es kein Problem. Wenn er böse Dinge tut, dann eben, weil er böse ist. Doch nehmen wir einmal an, er sei (wie wir) eine Mischung aus Gut und Böse und tue Gutes und Böses. Auch das

Haben Christen die Antwort gefunden?

wirft kein Problem auf, denn das bedeutet ja nur, dass er einen schlechten Tag hat oder in schlechter Stimmung ist, wenn sich eine Katastrophe ereignet. Wenn Sie glauben, dass Gott sowohl gut als auch böse ist, und manchmal das eine und manchmal das andere, dann gibt es kein Problem.

Und nun sind wir am Kernpunkt des intellektuellen Problems angelangt, nämlich: Christen glauben an einen Gott, der total und durch und durch gut ist, in dem auch nicht die allergeringste Schlechtigkeit ist. Und jetzt haben wir ein echtes Problem. Wie kann ein Gott, der alles unter seiner Kontrolle hat, zulassen, dass so schlechte und böse Dinge geschehen? Ich möchte auf etwas Bestimmtes hinaus. Wer sagt: „Ich habe da ein Problem: Warum hat Gott das zugelassen?", geht damit bereits von zwei Voraussetzungen aus: dass Gott gut ist; und dass er allmächtig ist. Das sind zwei Dinge, die Christen glauben, die die Bibel lehrt, und somit haben nur jene, die von diesen beiden Dingen ausgehen, ein intellektuelles Problem mit Naturkatastrophen.

Formulieren wir es ganz einfach: Wenn Gott allmächtig und seine Liebe uneingeschränkt ist, wie können dann solche Dinge geschehen, die so viel Leid mit sich bringen? Das ist kurz gefasst das zentrale Problem; jetzt sind wir am springenden Punkt angelangt. Nur wer diese beiden Dinge über Gott glaubt, hat ein Problem, mit dem er sich innerlich auseinandersetzen muss. Weil ich Christ bin und weil ich der Bibel glaube, habe ich dieses Problem und muss eine Lösung dafür finden.

Kapitel 3

WIE IST GOTT WIRKLICH?

Wenn die Frage lautet: „Wenn Gott allmächtig und seine Liebe uneingeschränkt ist, wie können dann solche Dinge geschehen, die so viel Leid mit sich bringen?", dann müssen wir uns dessen bewusst sein, dass es darauf eine Reihe von falschen Antworten gibt, die zum Teil auch von Christen, ja sogar von christlichen Leitern, stammen.

In den Tagen nach dem Tsunami in Asien hörte ich Radiosendungen und studierte die Tageszeitungen, in der Hoffnung, von einem Christen eine klare, eindeutige Erklärung zu hören. Aber ich hörte nichts. Vielleicht hatte ich nicht die richtigen Sendungen gehört und nicht die richtigen Zeitungen, Bücher oder Artikel gelesen. Dennoch war ich dankbar für die Gelegenheit, mir eine, wie ich meine, zufriedenstellende Erklärung für Naturkatastrophen zu erarbeiten. Doch werfen wir zunächst einen Blick auf die falschen Antworten, die gegeben werden. Und ich möchte auch sagen, warum ich sie für falsch halte. Vielleicht enthalten sie ein Körnchen Wahrheit, doch in letzter Konsequenz bieten sie keine Lösung für die große Frage, die mich beschäftigt. Ich brauche einfach eine Antwort auf die Frage nach dem „Warum?", die in doppelter Hinsicht zufriedenstellend ist: erstens für meinen Verstand und zweitens für mein Gewissen. Ich brauche beides, weil ich ein menschliches Wesen bin, das denkt, und weil ich ein menschliches Wesen mit einem Gewissen bin, das den Unterschied zwischen richtig und falsch kennt wie Sie auch. Sie haben einen Verstand, der über Dinge nachgrübelt und manchmal völlig perplex ist. Sie haben ein Gewissen, das sich regt, wenn Sie etwas tun, was für Sie nicht das Bestmögliche oder gar definitiv das Falsche ist. Wir könnten vielleicht Erklärungen finden, die für uns intellektuell zufriedenstellend sind, aber unser Gewissen nicht beruhigen, irgendwie kommen sie uns nicht richtig vor.

Ich möchte Ihnen drei falsche Antworten vorstellen, die mich nicht zufrieden stellen:

Die erste Antwort, die man von vielen christlichen Predigern zu hören bekommt, lautet: Das Leiden ist ein Geheimnis. Sie werden es nie verstehen. Sie können es nicht verstehen, weil Sie nicht Gott sind und Gottes Wege sind so viel höher als unsere Wege und Gottes Gedanken sind so viel größer als unsere Gedanken, dass wir nie verstehen werden, warum er es tut. Deshalb müssen wir ihm vertrauen und glauben, dass er für sich selbst gute Gründe hat, die er uns nicht mitteilen möchte und somit können wir sie auch nicht verstehen. Unser kleiner Verstand kann es nicht erfassen.

Darin steckt ein Körnchen Wahrheit. Es gibt ein Buch in der Bibel, das genau das zu sagen scheint, das Buch Hiob. Hiob widerfuhr großes Leid. Er verlor seine Familie, sein Geschäft, sein Eigentum. Zuletzt verlor er seine Gesundheit. Alles wurde ihm genommen. Und er konnte nicht verstehen, warum. Er war sich ziemlich sicher, dass er das nicht verdient hatte und das war das moralische Problem, das er damit hatte. Er wusste, dass er nicht ausgesprochen böse und gottlos gewesen war. Doch für seine Freunde stand das eigentlich außer Zweifel. Wir bezeichnen sie gerne als „Hiobströster"; sie kamen zu ihm und sagten:

„Du musst wirklich schlimm gesündigt haben, wenn dir so etwas widerfährt." Sie hatten Unrecht, und Gott sagte, dass sie Unrecht hatten. Doch wenn man das Buch Hiob durchliest, fällt einem auf, dass Gott ihm nie sagt, warum. Und ganz am Ende bläut Gott ihm etwas ganz Außergewöhnliches ein. Er sagt: „Hiob, ich möchte, dass du über das Flusspferd nachdenkst." Der Bibel zufolge ist das Medizin gegen Depressionen: Denk über das Flusspferd nach! Wenn Sie perplex sind, wenn Sie deprimiert sind, wenn Sie nicht wissen, was läuft, dann denken Sie über das

Flusspferd nach. Warum? Wissen Sie, warum Gott das Flusspferd geschaffen hat? Natürlich wissen Sie das nicht!

Als Nächstes spricht er über das Krokodil. „Hiob, weißt du, warum ich es geschaffen habe?" Hiob, die Schuhe, die du dir anziehst, wenn du all diese „Warum-Fragen" stellst, sind dir ein bisschen zu groß.

Schließlich kapituliert Hiob und sagt: „Gott, ich hätte nicht sagen sollen, was ich gesagt habe. Ich hätte dich nicht so in Frage stellen sollen. Ich bin nur ein Mensch und du bist Gott." Für Gott war das ausreichend, um Hiob alles zurückzuerstatten, was er verloren hatte. Aber das ist nur ein Teil der Geschichte. Ich glaube, wenn wir uns in die Antwort „Das Leiden ist immer ein Geheimnis" flüchten, werden wir die Fragen, die die Menschen umtreiben, nie wirklich zufriedenstellend beantworten. Gehen wir deshalb noch ein Stück weiter.

„Es ist sinnlos, diese Frage zu stellen", sagen manche Leute.

„Man sollte die Frage nach dem Warum nicht stellen. Dadurch manövriert man sich selbst hinein in Frustration, ja sogar Verbitterung, weil man keine Antwort bekommt. Gott sagt es uns nicht. Also hat es keinen Sinn zu fragen." Einige Christen gehen sogar noch einen Schritt weiter und sagen, es sei falsch, das zu tun.

„Was glaubst du, wer du bist, dass du Gott in Frage stellen kannst?" Natürlich dürfen wir das nicht vergessen, und das ist das Körnchen Wahrheit, das darin steckt, dass Gott mir gegenüber nicht rechenschaftspflichtig ist. Er muss sich für das, was er mit mir tut, nicht rechtfertigen; er muss mir nicht sagen, was er tun kann und was nicht. Ich darf ihm nicht sagen, was er zu tun hat und was nicht. Das wäre eine Unverschämtheit sondergleichen. Die Bibel sagt dazu, dass der Ton mit dem Töpfer debattiert – es wäre völlig unangemessen, so etwas zu tun.

Doch dieses Argument, dass das Leiden ein Geheimnis sei und immer bleiben werde, dass so ein kleiner Mensch wie ich es nie verstehen werde, hinterlässt in mir aus verschiedenerlei Gründen ein Gefühl der Unzufriedenheit. Zunächst einmal möchte Gott, dass ich ihn liebe, ja, mehr als das: Er hat mir geboten, ihn zu lieben. Wenn er mir aber all diese Katastrophen nicht erklärt, ermutigt er mich nicht gerade dazu, ihn zu lieben, nicht wahr? Er ermutigt mich nicht dazu, ihm zu vertrauen, wenn er solche Dinge tut und mir vom Herumrätseln schier der Kopf platzt. Wenn ich Gott lieben soll, dann muss er ein Gott sein, dessen Wege ich zumindest halbwegs verstehen kann. Er muss mir die Gründe mitteilen, warum er Dinge tut, damit ich verstehen kann, wie er denkt und einen inneren Bezug zu ihm habe.

Jesus sagte zu seinen Jüngern: „Ich sage euch all das, weil ihr meine Freunde seid." Gott will Freunde haben. Er möchte mich als seinen Freund. Abraham war sein Freund. Wenn Sie einen Freund haben, werden Sie ihm zweifellos und ganz sicher erklären, warum Sie etwas tun, das ihn schmerzt.

Es gibt aber noch einen anderen Grund, warum ich glaube, dass dies nicht die ganze Antwort ist. Ganz einfach: Was kann ich aus Katastrophen lernen, wenn Gott mir nichts darüber sagt? Welche Lektion kann ich daraus lernen? Welche Verbesserungen kann ich in meinem Leben vornehmen? Wie kann ich mich noch besser an seinen Regeln und seiner Liebe orientieren, wenn er mir nichts erklärt?

Ich nenne Ihnen noch einen dritten Grund, warum ich diese Antwort („Das Leiden ist ein Geheimnis, das nie gelüftet werden wird") für falsch halte: Überall in der Bibel erklärt Gott den Menschen etwas und wenn eine Katastrophe kommt, erklärt er auch, warum. Ja, zum Propheten Amos hat er sogar gesagt: „Ich lasse nie etwas über mein Volk Israel kommen, ohne es vorher zu warnen." Es ist nur fair und gerecht, dass Gott das tut. Wenn eine Katastrophe kommt, wird er uns sagen, warum. Gott ist in der Bibel, von Anfang bis Ende, ständig dabei, sich selbst zu erklären. So ist Gott nun mal. Er möchte, dass wir im Bilde sind. Und für Gott bedeutet das Wort „Geheimnis" etwas anderes als für uns. Wenn das Wort „Geheimnis" in der Schrift auftaucht, bezieht es sich auf etwas, das Gott uns jetzt gesagt hat, das wir

Wie ist Gott wirklich?

jedoch nie aus eigener Kraft heraus hätten verstehen, entdecken und herausfinden können. Paulus spricht beispielsweise in seinem Brief an die Römer von dem Geheimnis, dass Gott eines Tages das gesamte jüdische Volk erretten wird. Das ist etwas, das kein Mensch für sich hätte herausfinden können. Niemand hatte es erraten. Doch Paulus erklärt: „Ich sage euch ein Geheimnis" und die beste Übersetzung für das Wort „Geheimnis" in der Bibel ist: „etwas Geheimes, das Gott jetzt offenbart hat", etwas, das nur er wusste und verstand, das er uns aber jetzt mitteilt und das wir jetzt begreifen können.

Das ist ganz allgemein das Bild, das die Bibel von Gott zeichnet: Ein Gott, der uns die Gründe dafür nennt, warum er bestimmte Dinge tut, weil er möchte, dass wir in der rechten Art und Weise darauf reagieren. Wenn wir nun all diese Gründe zusammen betrachten, versperrt sich uns diese Vorstellung, dass alles Leiden immer ein Geheimnis sein wird.

Ich weiß, dass es Dinge gibt, die wir nicht verstehen, und bete dafür, dass wir sie eines Tages verstehen werden, wenn wir Gott sehen, wie er wirklich ist und die Dinge aus seinem Blickwinkel sehen und anfangen zu verstehen. Um ein Beispiel aus meinem eigenen Leben anzuführen: Meine Frau hatte Krebs und lag im Sterben, doch Gott hatte Erbarmen und heilte sie und heute, zwanzig Jahre später, ist sie immer noch bei mir. Doch meine Tochter starb ein paar Jahre später an Leukämie. Da tauchte in mir ganz natürlich die Frage auf: Warum heilte er meine Frau und nahm meine Tochter zu sich? Ich glaube, er hat mir die Antwort auf beide Fragen gegeben, doch zur damaligen Zeit verstand ich es nicht und musste in meinem Denken ringen, bis ich glaubte, dass ich so dachte wie Gott und nicht wie ich selbst.

Somit lautet meines Erachtens die erste falsche Antwort: Naturkatastrophen sind durch und durch ein Geheimnis. „Wir werden es nie verstehen. Gott vielleicht schon. Und er mag seine Gründe haben, aber er nennt sie uns nicht und wir müssen es schlicht und einfach akzeptieren." Das ist eine gewisse Form

WARUM LÄSST GOTT NATURKATASTROPHEN ZU?

von Resignation, eine gewisse Form von Fatalismus. Im Grunde sagen wir damit: „Es ist Gottes Wille. Also muss ich mich seinem Willen einfach beugen." Einige Religionen sagen das, vor allem der Islam, aber auch einige Christen: Wenn diese Katastrophen geschehen, begegnet man ihnen am besten mit stoischer Ruhe und sagt: „Gottes Wille geschehe" und man bleibt ruhig und regt sich nicht darüber auf. Doch bei mir funktioniert das nicht.

Sehen wir uns die zweite falsche Antwort an, die ich für völlig unangemessen halte: Man führt sich all das Gute vor Augen, das aus einer Katastrophe resultiert, so als wolle man sagen, das Gute, das dabei herauskommt, rechtfertige das Schlechte, das darin enthalten ist. Es ist ein wirklich außergewöhnliches Argument, aber wir müssen es unter die Lupe nehmen. Wenn sich eine Katastrophe ereignet, fühlt sich niemand wohl, aber es steht außer Zweifel, dass anschließend das Bestmögliche, was die menschliche Natur zu bieten hat, freigesetzt wird. Manchmal hören wir wunderbare Geschichten darüber, dass Opfer gebracht werden, um andere Leute zu retten und auch die Presse berichtet über solche Begebenheiten. Haben Sie das Foto von der Frau gesehen, die, als der Tsunami kam, ins Meer geradewegs auf die Riesenwelle zu rennt, um ihre Familie zu retten? Sie hätte ertrinken können, aber ihre Familie wurde tatsächlich gerettet. Ich hörte von anderen Fällen, in denen Eltern ihre Kinder retteten und dabei selbst umkamen. In solchen Zeiten opfern sich Menschen für andere. Und anschließend kommt es zu einer wahren Welle an Sympathie und von überallher kommt Unterstützung. Im Falle dieses Tsunami kam Hilfe aus aller Welt, weil so viele Länder betroffen waren. (Ich war kurz nach der Katastrophe in Norwegen und es kam mir zu Ohren, dass fünfhundert Norweger vermisst wurden; im Nachbarstaat Schweden vermisste man immer noch tausende Menschen und keiner wusste etwas von ihnen.) Die ganze Welt war betroffen. Aber man führe sich nur vor Augen, wie viel guten Willen die Menschen überall zeigten!

Wir leben in einer selbstsüchtigen, habgierigen Welt und die

Wie ist Gott wirklich?

Menschen sind daran interessiert, dass es ihnen immer besser geht. Plötzlich werden die Menschen selbstlos. Viele nehmen Opfer auf sich, um etwas geben zu können. Sie scheuen keine Kosten und Mühen, um Menschen zu retten, um ihnen zu helfen, um ihnen zu dienen, um ihr Leben wieder ins Lot zu bringen und um ihre Häuser wiederaufzubauen. Es wird so viel Gutes freigesetzt, das niemals freigesetzt werden würde, wenn es die Katastrophe nicht gegeben hätte. Mit anderen Worten zeigt man, um diesen altmodischen Begriff zu verwenden, allenthalben Nächstenliebe. Ich weiß, dass dieses Wort für viele Leute einen sehr unangenehmen Beigeschmack hat, doch die Nächstenliebe, die beispielsweise durch den Tsunami freigesetzt wurde, ist etwas, dem man Beachtung schenken muss. Menschen, die normalerweise selbstsüchtig sind, handeln selbstlos und eigentlich materialistisch gesinnte Leute denken weniger darüber nach, wie sie noch mehr materiellen Besitz bekommen können, und mehr darüber, wie sie denen etwas abgeben können, die nichts haben – Kleidung und alle möglichen anderen Dinge. Wir werden aus unserer Ichbezogenheit herausgerissen; wir geben, anstatt zu nehmen. Die Schockwelle löst diese immense Gegenbewegung des guten Willens aus. Und dann heißt es, das würde die Katastrophe doch erklären: Seht nur, wie viel Gutes seither getan wurde!

Natürlich müssen wir uns den Gesamtzusammenhang ansehen. Nach dem Tsunami stellte ich schockiert fest, wie viel Böses zum Teil in der menschlichen Natur freigesetzt wurde. In den Ruinen der Städte und Dörfer gab es Plünderungen, was man sonst als „Diebstahl" bezeichnet. Aber es kam noch schlimmer. Ich war entsetzt, als ich hörte, dass Menschen Waisenkinder, die ihre Familien verloren hatten, entführten, um sie zur Adoption zu verkaufen. In Sri Lanka musste die Adoption von Kindern eine Zeit lang verboten werden, um diesem schrecklichen Menschenhandel Einhalt zu gebieten. Dann gab es Leute, die Leichen stahlen und später sagten, der Tote sei ein geliebter

WARUM LÄSST GOTT NATURKATASTROPHEN ZU?

Mensch und Brotverdiener der Familie gewesen, um mit dieser Behauptung Schadensersatzzahlungen einfordern zu können. Was aus den Menschen herauskommt, wenn sich eine Naturkatastrophe ereignet, ist also nicht immer nur gut. Ein Zyniker könnte auch sagen, die Welle der Hilfsbereitschaft sei eine Art kollektive Versicherung oder das Motiv dahinter sei eine Art kollektiver Selbsterhaltungstrieb. Mit anderen Worten: Vielleicht sind wir die nächsten, die leiden werden, und hoffen, dass die anderen sich dann genauso um unsere Nöte kümmern werden, wie wir uns jetzt um ihre.

Während ich diese Zeilen schreibe, mache ich mir bewusst, dass es inzwischen wieder einmal enorme Überschwemmungen in Großbritannien wie auch in vielen anderen Teilen der Welt gegeben hat. Und wieder hört man Zyniker sagen, der Wunsch zu helfen sei häufig auf eine Art Instinkt zur Erhaltung unserer Spezies zurückzuführen. Ich sage „unserer Spezies", weil kaum oder gar nicht versucht wird, etwas dagegen zu unternehmen, dass auch viele Tiere leiden oder zugrunde gehen (was von den Tierschützern lautstark thematisiert wird).

Das Ganze hat also eine Kehrseite. Das große Minus an solchen Wellen menschlicher Sympathie und Hilfsbereitschaft ist, dass sie recht schnell wieder abebben. Binnen kurzem verschwindet jede Katastrophe wieder aus den Schlagzeilen unserer Tageszeitungen. Sie ist nicht mehr die Topmeldung in den Radio- oder Fernsehnachrichten. Wenn das Interesse und die Betroffenheit nachlassen, geht die Welt rasch wieder ihren normalen Alltagsgeschäften nach und zurück in ihre Selbstsucht und Habgier; zurück zu ihrem Materialismus; zurück zu allem, was zuvor noch bis in die Grundfesten erschüttert worden war. Wir verfügen über die erstaunliche Fähigkeit, uns schnell von Schocks und unangenehmen Ereignissen zu erholen.

Man sagt, es gäbe noch etwas Gutes, das aus einer Tragödie resultiere. Mit gemischten Gefühlen gebe ich diese Sichtweise wieder: So wie eine Katastrophe eine Welle der Nächstenliebe auslöse, löse sie auch eine Welle der Einigkeit aus. Doch es geht hierbei nicht nur um Einigkeit zwischen Nationen (oder ethnischen Gruppen); außergewöhnlich ist, dass die Menschen eine Art Einigkeit zwischen den Religionen willkommen heißen, so wie man sie derzeit feststellen könne. Vor einiger Zeit sah ich im Fernsehen die Sendung Songs of Praise. Das war immer eine christliche Fernsehsendung gewesen und ausschließlich christlichem Lobpreis vorbehalten. In anderen Sendungen der BBC haben andere Religionen schon seit Langem ihre Plattform. Thought For The Day und die Sonntagmorgensendung Sunday werden mittlerweile von vielen Glaubensströmungen geprägt und am Sonntagmorgen findet man genauso viele Sendungen über den Islam wie über das Christentum. Doch Songs of Praise war immer für das christliche Lob des christlichen Gottes reserviert. Das hat sich geändert. An einem Sonntag in den Wochen nach dem Tsunami begann die Sendung mit dem freudigen Statement, der Tsunami habe Nationen und Religionen zusammengebracht. Zum ersten Mal überhaupt wurde Songs of Praise von einem Christen, einem muslimischen Mullah, einem Hindupriester und einem buddhistischen Mönch geleitet und in dieser einen Sendung wurden Loblieder all dieser Religionen gesungen. Die ganze Sendung zelebrierte die „Einigkeit" zwischen den Religionen der Welt, die der Tsunami herbeigeführt habe. Ich möchte ehrlich zu Ihnen sein und sagen, dass ich das wirklich mit gemischten Gefühlen verfolge. Doch die Welt würde nur allzu gern sehen, wie sich die Religionen der Welt vereinen, um die Not der Menschheit zu lindern. Ich hörte einmal eine Predigt des Herzogs von Edinburgh (das einzige Mal, dass ich ihn je in einer Kirche habe predigen hören), die ein sehr einfaches Thema hatte: ein Appell an die Weltreligionen, sich zu vereinigen, um die Fauna und Umwelt unseres Planeten zu retten.

Das ist es, was heute viele in den Kirchen und Gemeinden gerne sehen würden, dass die unterschiedlichen Religionen nicht mehr miteinander streiten und einander bekämpfen, sondern dass

WARUM LÄSST GOTT NATURKATASTROPHEN ZU?

sie sich zusammentun, um den Bedürfnissen der Menschheit gerecht zu werden. Eine „humanitäre Religion" käme der Welt sehr gelegen. Wir werden uns an späterer Stelle noch mit dieser Idee befassen.

Das sind die Dinge, die die Öffentlichkeit als positive und nützliche Auswirkungen hervorhebt. Doch was bedeuten sie wirklich? Will man uns damit sagen, dass das Gute, das aus einer Katastrophe heraus entsteht, das Schlechte rechtfertige, das damit einhergeht? Will man im Grunde das Argument vorbringen, dass Gott bewusst etwas Schlechtes getan habe, um uns gut zu machen, d.h. um die gute Seite unserer Natur zum Vorschein zu bringen? Ja, genau das. Aber war das wirklich Gottes Absicht und war der Preis dafür nicht zu hoch? Der Verlust von 250.000 Menschenleben, um den Rest von uns ein bisschen besser zu machen, um das Gute in uns hervorzubringen? Damit habe ich so meine Probleme. Ich zweifle nicht im Geringsten daran, dass die Menschen ihre gute Seite zeigen, wenn sich eine Katastrophe ereignet. Zumindest viele von ihnen - einige allerdings nicht. Doch die meisten schon und das erkenne ich an. Aber ich denke nicht, dass dies das Schlimme und Schlechte rechtfertigt, denn eigentlich führt es uns zu einer ganz außergewöhnlichen Schlussfolgerung, nämlich, dass wir besser sind als Gott, dass Gott etwas Schlechtes getan hat, wir jedoch infolgedessen so viel Gutes tun. Eigentlich ist es fast unverschämt, so mit Gott zu reden und im Grunde zu ihm zu sagen: „Gott, wir könnten die Welt um Etliches besser lenken als du." Wenn wir dafür verantwortlich wären, würden wir nicht diese Methode gebrauchen, um das Gute im Menschen zum Vorschein zu bringen! Jemand sagte einmal zu mir: „Wissen Sie, jedes Mal, wenn Sie sich über das Wetter beklagen, beschweren Sie sich darüber, wie Gott die Welt lenkt." Das hat mich wachgerüttelt. Gott kritisieren, das können wir richtig gut. Wir meinen, wir seien gut und haben eine sehr hohe Meinung von uns, doch er sei in unseren Augen schlecht und wir haben eine schlechte Meinung von ihm. Wir werden später noch sehen, dass dies jedoch das genaue Gegenteil der Wahrheit ist. Wenn wir anfangen zu glauben, wir seien sehr gut (was man an unserem Verhalten im Katastrophenfall sehe) und Gott sei sehr schlecht, weil er ihn verursacht habe, dann sind wir, ehrlich gesagt, in großen Schwierigkeiten, ja wir lügen uns selbst in die Tasche.

Gehen wir weiter zur dritten Erklärung, die von manchen Christen gegeben wird und die wirklich sehr außergewöhnlich ist. Bringen wir vorher noch einmal das eigentliche Problem auf den Punkt:

Wenn Gott allmächtig, allgewaltig, durch und durch gut und seine Liebe uneingeschränkt ist, warum sollten dann solche Dinge geschehen? Sie sollten nicht geschehen. Gott könnte sie aufhalten, selbst wenn er sie in Gang gesetzt hat. Und Gott hätte sie ohnehin nicht in Gang setzen sollen.

Wenn die Frage „Wo war Gott in alledem?" gestellt wird, geht man von zwei Dingen aus: dass er allmächtig ist und seine Liebe uneingeschränkt. Und wenn nun eine oder gar beide dieser Annahmen falsch wären? Dann stellt sich uns ein ganz anderes Problem. Wenn Gott nicht allmächtig ist, gibt es kein Problem, denn dann kann er es weder in Gang gesetzt haben noch aufhalten. Wenn Gottes Liebe nicht uneingeschränkt ist, gibt es auch kein Problem. Diese letzte falsche Antwort, mit der ich mich jetzt befasse, besagt, dass Gott nicht allmächtig sei. Ich muss Ihnen noch eine kleine Philosophielektion beibringen und etwas über zwei „ismen" erzählen, denn man kann auf zweierlei Weise an Gott glauben.

Da gibt es einmal den Theismus, die Philosophie der Bibel, die besagt, dass Gott unser physisches Universum schuf und kontrolliert. Er hat es am Anfang geschaffen und hat es heute noch immer unter seiner Kontrolle. Es gibt allerdings noch eine andere Philosophie, die man als Deismus bezeichnet. Ein Deist glaubt, dass Gott die Welt schuf, aber heute keine Kontrolle mehr darüber hat. Im Deismus stellt man sich die Welt so vor,

WARUM LÄSST GOTT NATURKATASTROPHEN ZU?

als sei sie von Gott wie eine große Uhr gemacht worden, die er aufzog; doch dann habe er seine Hände von ihr weggenommen und sie laufe in der Art und Weise, wie er es vorgesehen hatte, weiter und er könne nicht mehr eingreifen. Sie sei nicht mehr unter seiner Kontrolle.

Sogar in Kirchen und Gemeinden gibt es viele Deisten. Sie glauben beispielsweise nicht an Wunder, weil das ja bedeuten würde, dass Gott in den Mechanismus der „Uhr" eingreift. Menschen mit einer so genannten „wissenschaftlichen" Weltanschauung glauben im Großen und Ganzen, die Natur sei ein Mechanismus, ein geschlossenes System, auf das niemand Einfluss nehmen könne. Es funktioniere nach seinen eigenen ehernen Gesetzen wie zum Beispiel dem Gesetz der Schwerkraft, also nach Naturgesetzen. Und nicht einmal Gott selbst könne jetzt in den Lauf dieser Gesetzmäßigkeiten eingreifen. Gott habe die Natur vor langer, langer Zeit gemacht. Er habe sie wie eine Uhr aufgezogen und jetzt gehe sie ihren eigenen Weg. Ein Deist würde beispielsweise Gott nie bitten, das Wetter zu ändern, weil er davon überzeugt ist, dass Er das gar nicht könne. Das Wetter folge seinen eigenen ehernen Regeln und Gott selbst sei nicht allmächtig genug, um darin einzugreifen oder es nach seinem Willen zu verändern.

Wer so denkt, gibt eine Antwort auf das Problem, die ich für die falsche Antwort halte. Ich möchte Ihnen kurz von einer Fernsehsendung berichten, die meine Frau und ich vor etwa einem oder zwei Jahren sahen; sie trug den Titel Credo, was soviel bedeutet wie „ich glaube". Es war eine Folge einer religiösen Fernsehreihe dieses Titels. Die Moderatorin unterhielt sich mit einem Bischof, der den Vorsitz in einer Kommission der anglikanischen Kirche hatte, der es oblag, die Lehre der Church of England (d. h. der anglikanischen Kirche) zu reformieren; sie sollte die Glaubensüberzeugungen der Kirche auf einen aktuellen Stand bringen, sie an unsere heutige Zeit und an unsere moderne Weltanschauung anpassen. Die Moderatorin, die selbst kein Christ

Wie ist Gott wirklich?

war, fragte den Bischof: „Was werden Sie im Hinblick auf die christlichen Überzeugungen der Church of England ändern?"

Der Bischof war sehr offen und erwiderte: „Oh, wir müssen unser Denken über Gott ändern."

„In welcher Hinsicht?", fragte sie.

Er entgegnete: „Wir müssen erkennen, dass Gott schwach ist", und um seine These noch plastischer zu verdeutlichen, fügte er hinzu: „... schwach wie Wasser."

Die Frau war erstaunt und sagte: „Nun, wie stellen Sie sich Gott vor? Wie denken Sie über ihn?"

Und der liebe Bischof sagte Folgendes: „Ich denke, wir alle, die ganze Menschheit, sind wie eine Großfamilie und in einer Großfamilie gibt es eine Großmutter. Und während die ganze Familie zur Arbeit geht und die Probleme löst und hart arbeitet, um das Leben angenehm zu machen, hält die Liebe der Großmutter die ganze Familie zusammen. Und ihre Liebe ist der Schlüssel zur Einheit der Familie: Sie alle lieben Großmutter, und Großmutter liebt sie alle, während sie die ganze Arbeit machen."

Völlig perplex sagte die Moderatorin: „Aber ich dachte, Gott sei ein Vater und keine Großmutter?"

Dem Bischof war das offenbar überhaupt nicht peinlich und sie hakte nach: „Glauben Sie, dass mit diesem Gottesbild wieder mehr Leute in die Gottesdienste gehen werden?"

Er hatte den Mut zu sagen: „Ich glaube, dass die Leute wirklich wieder in die Kirchen kommen werden, wenn sie erkennen, wie sehr Gott sie braucht." Nicht: „wie sehr sie Gott brauchen", sondern: „wie sehr Gott sie braucht"!

Er beschrieb einen schwachen Gott, dessen Liebe zwar uneingeschränkt sei, der aber selbst nicht viel ausrichten könne und sich deshalb darauf verlasse, dass wir ihm bei den Problemen, die wir zu lösen haben, helfen. Das ist eine verhältnismäßig neue Sicht der Dinge, aber inzwischen doch sehr weit verbreitet.

Wenn wir demzufolge die Frage stellen: „Wenn Gott allmächtig und seine Liebe uneingeschränkt ist, wie können dann solche

WARUM LÄSST GOTT NATURKATASTROPHEN ZU?

Dinge geschehen?", lautet diese Antwort: Er ist nicht allmächtig. Er ist nicht weniger ein Opfer dieser Katastrophen als wir. Er kann nichts dagegen unternehmen und wir können nichts dagegen unternehmen. Das ist wirklich eine sehr außergewöhnliche Antwort. Man fragt sich dann, welchen Sinn es hatte, in einer Katastrophe zu versuchen, zu Gott mit unseren Gebeten durchzukommen? Inwiefern könnte er uns eine Hilfe sein? Die Antwort, die hier gegeben wird, lautet: Er kann unser Leid nachempfinden. Er hat Mitgefühl mit uns. Und dann zitiert man einen Vers aus dem Alten Testament, der sinngemäß lautet: „In all ihrer Betrübnis war auch er betrübt." Man bietet uns diese Art „Sympathie" als Antwort an.

„Sympathie" setzt sich zusammen aus „syn" „mit" und „pati" „leiden", also mit den Menschen leiden. Man sagt quasi: „Ich fühle mit dir." Das ist der Trost, den sogar christliche Prediger anbieten. Gott leidet mit dir. Er fühlt mit dir. Deshalb wird er dich auch emotionell unterstützen. Weil er uns in unserem Leid beisteht, wird er nicht von unserer Seite weichen und mit uns leiden.

Ich habe viele Prediger nach Naturkatastrophen in etwa Folgendes sagen hören: „Sie müssen glauben, dass Gott im Leid bei Ihnen ist." Das heißt im Endeffekt: „Sie müssen glauben, dass er solidarisch an Ihrer Seite steht und diese Solidarität sollte der Trost sein, den Sie brauchen." Aber ich glaube, dass das wirklich zutiefst falsch ist, denn die Bibel zeigt uns Gott nicht als schwachen Gott, der nichts an einer Situation ändern kann. Die Bibel lässt keinen Zweifel daran, dass Gott der allmächtige Gott ist, der Schöpfer des Himmels und der Erde, dass er Himmel und Erde immer noch unter seiner Kontrolle hat und dass er immer noch in die Natur eingreifen und sie Dinge tun lassen kann, die sie sonst nicht tun würde. Das biblische Bild von Gott und vom Universum ist eher das des Rektors einer Schule, der zu Beginn des Schuljahrs einen Stundenplan erstellt und sagt, dass am Dienstagvormittag um 10 Uhr Französisch unterrichtet wird.

Wie ist Gott wirklich?

Doch weil er der Rektor ist, kann er an jedem beliebigen Dienstag eingreifen und erklären, dass um 10 Uhr nicht Französisch, sondern Mathematik unterrichtet wird. Er ist der Rektor. Die Schule untersteht seiner Kontrolle. Für den normalen Alltag gibt er zwar diese Stundenpläne aus, aber er kann jederzeit eingreifen und sie ändern. Er kann eingreifen und seine Autorität ausüben.

Dies spiegelt ein wenig das biblische Bild von Gott und der Natur wider. Der Natur sind sozusagen bestimmte Gesetzmäßigkeiten gegeben worden, und es gibt einen „Stundenplan", an den sich die Natur zu halten hat. Doch die Bibel sagt auch, dass Gott jederzeit eingreifen und etwas mit der Natur tun kann, das die Natur von sich aus nicht tun würde, dass er Wunder tun kann; dass er definitiv Wunder tut. Dabei können auch die Naturgesetze außer Kraft gesetzt werden. Wenn Jesus auf dem Wasser geht, widerspricht das dem Naturgesetz der Schwerkraft, aber er tat es. Dieses Gottesbild unterscheidet sich erheblich von dem eines schwachen Gottes, der nicht viel tun kann, außer Sympathie mit uns zu haben und zu sagen: „Ich bin bei euch. Ich bin da." Eine derartige Sichtweise steht im krassen Widerspruch zu meinem Verständnis der Bibel.

Vielleicht sollten wir uns deshalb fragen, ob wir auf dem richtigen Weg sind, wenn wir uns Gott als einen Gott der uneingeschränkten Liebe vorstellen. Ich habe bereits versucht, Ihnen zu verdeutlichen, dass es nur diese beiden Annahmen sind, die zu dem Problem führen. Nur wer glaubt, dass Gott allmächtig und seine Liebe uneingeschränkt ist, hat das Problem. Und in gewisser Weise geht jeder, der fragt „Was tat Gott gerade, als sich die Katastrophe ereignete?" von diesen beiden Annahmen aus. Ich versuchte bereits, Ihnen vor Augen zu führen, dass die Annahme, Gott sei nicht allmächtig, falsch ist (das heißt, wenn Sie glauben, dass die Bibel Gottes Wort ist).

Und deshalb werden wir jetzt mit der zweiten Annahme konfrontiert und müssen sie hinterfragen: Ist Gottes Liebe uneingeschränkt? Was meinen wir damit? Ist es die Wahrheit?

WARUM LÄSST GOTT NATURKATASTROPHEN ZU?

Um ein Statement aufzugreifen, das ich an anderer Stelle bereits abgegeben habe: Alle Religionen der Welt könnten falsch sein, doch nur eine von ihnen könnte richtig sein. Das liegt daran, dass sich die Religionen, in dem, wie Gott ihrer Auffassung nach ist, so enorm unterscheiden, dass sie einander widersprechen. Man kann nicht aus allen Religionen der Welt eine einzige machen. Das geht schlicht und einfach nicht, weil sie so derart unterschiedliche Gottesbilder haben.

Die Frage lautet also: Welches Gottesbild ist zutreffend? Welcher ist der eine wahre Gott? Die Bibel nimmt für sich in Anspruch, von dem einen wahren Gott zu sprechen. Und sowohl im Hebräischen als auch im Griechischen wird für „wahr" dasselbe Wort verwendet wie für „real". Die Bibel nimmt also für sich in Anspruch, uns den einzigen realen Gott, der existiert, zu präsentieren und keinen anderen.

Deshalb sage ich, dass sich alle Religionen der Welt im Hinblick auf Gott irren könnten und dass nur eine von ihnen Recht haben kann; deshalb muss jeder von uns die große Entscheidung treffen, an welchen Gott er tatsächlich glauben will. Welcher „Gott" ist der einzig reale? Wir sprechen von dem Gott, der das Universum in seiner Hand hat, der die Kontrolle darüber hat, der es gemacht hat und der damit immer noch tun kann, was er will. Allmächtig.

Aber ist er ebenso „allliebend"? In einer britischen Meinungsumfrage wurde vor kurzem gefragt: „Glauben Sie an Gott?" Etwa 67 Prozent der Befragten bejahten diese Frage. Doch dieser statistische Wert ist irrelevant. Man hätte gleich als Nächstes die Frage stellen müssen: „An welche Art von Gott glauben Sie?" „Wie ist er?" „Ist seine Liebe uneingeschränkt?"

Wir werden später noch ausführlich darauf zu sprechen kommen. Doch gleich jetzt stellen wir uns die Frage, wie wir herausfinden können, wie Gott wirklich ist. Welchen Charakter hat er? Was für eine Persönlichkeit hat er? Welche Art von Gott ist er? Wie sollen wir das herausfinden?

Wie ist Gott wirklich?

Wie würden Sie herausfinden, wie ich wirklich bin oder irgendjemand sonst? Sie würden es herausfinden, indem Sie zuhören, wenn ich rede, und zusehen, wenn ich etwas tue. Und hoffentlich würden Sie dann feststellen, dass diese beiden Dinge übereinstimmen. Ich hoffe, dass Sie das Gefühl hätten, David Pawson tut, was er sagt; seine Persönlichkeit ist frei von Widersprüchen; er ist integer. Nun, Gott hat diese Integrität. Es gibt nicht den geringsten Widerspruch zwischen dem, was Gott sagt, und dem, was er tut. Und wir Christen glauben an den lebendigen Gott; das bedeutet, dass Gott in dieser Welt ist und Dinge sagt und tut. Die Bibel ist der Bericht darüber, was er in unserer Welt, in Zeit und Raum, gesagt und getan hat. Und wenn wir seine Taten studieren und seine Worte (die in aller Regel seine Taten erklären und uns sagen, warum er das tat, was er tat), werden wir ihn so kennenlernen wie er ist. Und wir werden dabei einige Überraschungen erleben, ja vielleicht sogar schockiert sein. Wir werden feststellen, dass er nicht immer in einer Art und Weise handelt, die wir als „liebevoll" bezeichnen würden.

Wir müssen fragen: Was sagt die Bibel über Gott? Ist er gut ... schlecht ... eine Mischung aus beidem? Wie ist er wirklich? Und dann fragen wir: Was sagt Gott über uns? Und wir werden, wie ich hoffe, zu der Schlussfolgerung gelangen, dass Gott um Etliches besser ist, als wir dachten, und wir um Etliches schlechter als wir meinten. Wir werden fragen, was Gott uns über die Zukunft sagt. Unter anderem machen wir die Feststellung, dass er uns sagt, dass Erdbeben immer größer und heftiger werden und wir werden fragen, was die Bibel über Erdbeben im Speziellen zu sagen hat.

Wir hielten bereits fest, dass nach einer Naturkatastrophe eine Not auftaucht, die intellektueller Art ist. Unser Verstand muss sich mit dem, was geschehen ist, beschäftigen. Wir stellen Fragen darüber.

Die erste Frage, die wir stellen, lautet: „Wie konnte das geschehen?" Was war Auslöser der Katastrophe? Wenn wir verstehen, worauf sie zurückzuführen ist, können wir vielleicht dieser Gefahr dann in Zukunft aus dem Weg gehen oder sie ganz abwenden. Deshalb muss die Wissenschaft die Antwort auf die Frage nach dem Wie geben. Aber es gibt noch eine viel größere Frage, die wir bewältigen müssen, die Frage nach dem Warum. Die Wissenschaft kann uns nicht sagen, warum. Die Wissenschaft kann uns sagen, wie das Universum begann, wie wir hierherkamen, wo wir jetzt sind, aber sie kann uns nicht sagen, warum das Universum existiert und warum wir hier sind. Wir bewegen uns im Bereich der Philosophie und Religion, wenn wir in dieser Weise fragen, warum bestimmte Dinge geschehen.

Wir brauchen eine Antwort auf die Frage nach dem Warum, die in doppelter Hinsicht für uns zufriedenstellend ist. Sie muss unseren Verstand zufriedenstellen und unser Gewissen. Der Verstand braucht eine rationale Antwort, warum solche Dinge geschehen. Das Gewissen braucht eine moralische Antwort. Mit anderen Worten: Wir brauchen nicht nur einen Grund, wir brauchen einen guten Grund, wenn wir eine zufriedenstellende Antwort finden wollen. Nehmen wir beispielsweise an, ich würde Ihnen sagen, Gott habe in die Natur einen Mechanismus eingebaut, der die Zahl der Menschen auf Erden niedrig hält und uns hilft, die, die übrigbleiben, mit ausreichend Nahrung zu versorgen und Ereignisse wie Tsunamis sollen bewusst und absichtlich die Bevölkerung dezimieren und in überschaubaren Dimensionen halten. Das wäre eine rationale Antwort. Es ist ein Grund. Doch etwas in uns rebelliert dagegen. Es ist kein, wie wir es nennen würden, guter Grund. Es ist kein moralischer Grund. Vor über zweihundert Jahren hat ein Geistlicher namens Malthus tatsächlich ein Buch darüber geschrieben und gesagt, Armut, Krankheiten und Kriege seien dazu da, die Bevölkerungsexplosion einzudämmen. Dem stimme ich nicht zu. Diese Begründung mag den Verstand zufrieden stellen, aber nicht das Gewissen.

Wiederholen wir kurz, was wir bisher erörtert haben: Ich habe das Problem bedächtig und gewissenhaft definiert und darauf hingewiesen, dass man nur dann ein Problem mit

Naturkatastrophen hat, wenn man drei Dinge als gegeben annimmt. Das erste ist, dass es nur einen Gott gibt. Wenn es viele Götter gibt oder keinen Gott, dann existiert das Problem nicht. Doch wenn man glaubt, dass es nur einen Gott gibt, steht man vor einem Problem. Die zweite Annahme ist, dass Gott allmächtig ist und das, was er geschaffen hat, auch lenken und steuern kann, d.h., dass er die Natur in seiner Hand hat. Die dritte Annahme, die man als gegeben hinnehmen muss, um ein Problem zu bekommen, lautet: Gottes Liebe ist uneingeschränkt.

Ich habe auch drei Antworten unter die Lupe genommen, die, wie zu befürchten ist, von Christen gegeben werden: Antworten aus Kirchen und Gemeinden, die alles andere als zufriedenstellend sind. Die erste lautet: Das Leiden ist ein Geheimnis. Niemand versteht, warum es Leid auf der Welt gibt. Gott hat es uns nicht erklärt. Angesichts solcher Katastrophen bleibe einem nichts anderes übrig als zu sagen, das sei Gottes Wille, dem wir uns „beugen" müssten. Wir würden nur in Panik geraten, wenn wir das „Warum" ergründen wollten. Das Leiden ist ein Geheimnis. Wir verstehen es nicht, eines Tages vielleicht, doch jetzt jedenfalls noch nicht. Diese Antwort ist nicht zufriedenstellend. Sie schickt unser Denken und unser Gewissen auf die Suche nach weiteren Antworten.

Die zweite falsche Antwort, auf die wir zu sprechen kamen, besagt, dass Katastrophen dieser Art doch viel Gutes hervorbrächten, viel guten Willen unter den Menschen. Man vergegenwärtige sich nur, wie viele selbstsüchtige und habgierige Menschen auf der Welt mit einem Schlag selbstlos handeln und sich um andere kümmern. Wie viele Menschen guten Willens doch von einigen Katastrophen auf den Plan gerufen wurden. Doch das ist keine Rechtfertigung des verhängnisvollen Ereignisses, das diese Bekundungen guten Willens auslöste. Ja, wenn man so denkt, kommt man unweigerlich zu der Schlussfolgerung, dass wir Menschen um Etliches besser seien als Gott. Er hat es verursacht und wir werden zu guten Menschen, indem wir anschließend

WARUM LÄSST GOTT NATURKATASTROPHEN ZU?

einander helfen. Es sind nicht wenige, die die Meinung vertreten, wir seien besser als Gott und könnten die Geschicke der Welt weit besser lenken als er, wenn wir am Ruder wären. Deshalb ist auch diese Antwort nicht besonders zufriedenstellend. Aus einer Katastrophe kann viel Gutes hervorkommen, doch das ist keine Rechtfertigung.

Die dritte falsche Antwort, die ich erwähnte, ist in der Tat sehr außergewöhnlich, nämlich Gott selbst sei zu schwach, um solche Dinge zu verhindern, und er könne uns nichts anderes anbieten als uns seine Solidarität und Unterstützung und seinen Beistand zu schenken und uns sein Mitgefühl und seine Sympathie zuzusichern. Doch er selbst sei genauso sehr Opfer von Naturkatastrophen wie wir. Es ist wirklich höchst erstaunlich, dass christliche Leiter etwas so Außergewöhnliches lehren können, nämlich dass Gott schwach sei. Jeder weiß doch, dass Gott der „Allmächtige" ist, weil „Allmächtiger" allenthalben als bedeutungsloser Ausruf verwendet wird, mit dem man Überraschung und Erstaunen ausdrückt. Doch wenn es wahr ist, dass Gott allmächtig (und gut) ist, dann stehen wir vor folgendem Problem: Warum lässt er angesichts der Tatsache, dass er allmächtig und gut ist, überhaupt Naturkatastrophen zu? Warum verursacht er sie? Warum verhindert er sie nicht?

Nun wenden wir uns der Bibel zu. Bislang haben wir sie in unsere Diskussion noch nicht allzu viel mit einbezogen, aber ich bin Christ und die Bibel ist meine Autorität. Ich glaube, dass sie das Wort Gottes ist und ich glaube, dass sie die Dinge am allerbesten erklärt, viel besser als jede andere Schrift und Religion. Ich bin der Überzeugung, dass sie unser Universum am besten erklärt, wie es entstand und wie es enden wird. Die Bibel liefert die beste Erklärung für das „Warum" unserer Existenz. Sie liefert die beste Erklärung der Zukunft und vor allem hat sie Einiges über Naturkatastrophen zu sagen. Ich bin so froh, dass es in der Bibel um Fakten geht. Es geht um Gott, den lebendigen Gott.

Wie ist Gott wirklich?

Vor einigen Jahrzehnten gab es eine Bewegung, die behauptete, Gott sei tot. Doch die Leute, die das glaubten, sagten nicht, dass er aufgehört habe zu existieren; sie sagten, er sei einfach nicht mehr da. Vielleicht lebe er ja in irgendeinem anderen Universum, doch hier und jetzt in unserer Welt sei er nicht mehr aktiv, früher schon, heute nicht mehr. Doch die Bibel sagt uns, dass Gott sehr wohl hier und jetzt in unserer kleinen, an Zeit und Raum gebundenen Welt aktiv ist. Deshalb steckt auch so viel Historisches in der Bibel und so viel Geographisches. Es geht darin um reale Menschen, die in einer realen Zeit und in einem realen Raum leben. Noch heute können wir uns Orte ansehen, die in der Bibel erwähnt werden. Sie ist ein Buch voll Realität und nimmt in der Tat für sich in Anspruch, uns darüber in Kenntnis zu setzen, was Gott in unserer Welt gesagt und getan hat. Und genau das meinen wir, wenn wir von einem „lebendigen Gott" sprechen, einem Gott, der in dieser Welt genauso aktiv ist und redet wie wir. Die Bibel ist der Bericht seiner Worte und Taten, seiner Wunder und seiner Botschaften, die er an uns richtet. Also haben wir hier ein Buch, in dem wir Gott kennen lernen können und dieses Buch nimmt für sich in Anspruch, von dem einen wahren Gott zu berichten. Wir hielten bereits fest, dass im Hebräischen und im Griechischen, den beiden Sprachen, in denen die Bibel geschrieben wurde, das Wort „wahr" unserem Wort „real" entspricht. Was real ist, ist wahr und was wahr ist, ist real. Also nimmt die Bibel für sich in Anspruch, uns vom einzigen realen Gott zu erzählen, dem einzigen, der real existiert. Sie sagt uns, wie er wirklich ist. Und genau das ist der Punkt, auf den wir an dieser Stelle hinauswollen: Wie ist Gott wirklich?

Führen wir uns vor Augen, was die Bibel über die Natur sagt. Sie sagt nichts über Tsunamis, doch sie spricht viel von dem, was auf dem Festland geschah und nicht, was in den Ozeanen geschah (möglicherweise mit einer Ausnahme, auf die ich später noch eingehen werde). Sie hat allerdings etwas über die Ursache von Tsunamis zu sagen. Sie sagt Etliches über Erdbeben, von denen sich viele in dem historischen Zeitraum ereigneten, der von der Bibel abgedeckt wird. Das liegt vor allem daran, dass die Bibel größtenteils von Ereignissen berichtet, die sich in Erdbebenzonen zutrugen. Der größte Riss in der Erdkruste zieht sich von Syrien hinunter durch das Land Israel, weiter durch das als „Arabah" bekannte Rote Meer und entlang dem Golf von Aqaba hinüber nach Äthiopien; er teilt gewissermaßen Äthiopien in zwei Teile, setzt sich fort in Uganda und Kenia, wo er sich in zwei Risse verzweigt, die dann in Mosambik wieder ineinander münden und enden. Das ist der größte Riss in der Erdkruste; eigentlich sind es zwei Risse und das Land zwischen den beiden Rissen ist abgesunken. So entstand der so genannte „Große Afrikanische Grabenbruch", wo die Erde ständig in Bewegung ist und es zu starken Erdbeben kommt. So ist es keine Überraschung, dass in der Bibel sehr oft von Erdbeben die Rede ist. Ihr Schauplatz ist eben genau dort, wo die Erde den schlimmsten Erschütterungen ausgesetzt ist.

Einige Erdbeben, die sie erwähnt, sind einfach nur Naturereignisse. Doch etliche bezeichnen wir als „übernatürliche Ereignisse", weil sie direkt von Gott verursacht wurden. Das wirft ganz generell die Frage auf, in welcher Beziehung Gott und die Natur zueinander stehen. Lenkt er alles, was in der Natur geschieht, den kleinsten Windhauch, jede einzelne Schneeflocke, die vom Himmel fällt? Schaltet er all das „ein" und dann wieder „aus"? Nicht ganz. Wir wollen noch einmal unser voriges Bild vom Schulrektor und dem Stundenplan aufgreifen und weiterführen. Zu Beginn des Schuljahres erstellt der Rektor den Stundenplan für die ganze Schule und legt fest, dass jeden Dienstagvormittag um 10 Uhr Französisch unterrichtet wird. Doch weil er der Rektor ist, hat er die Macht und die Autorität, an jedem beliebigen Tag einzugreifen, um den Stundenplan zu ändern, so dass jeweils andere Fächer unterrichtet werden. Deshalb kann er an jedem beliebigen Dienstag in den Stundenplan eingreifen und sagen, dass um 10 Uhr nicht Französisch gegeben werden soll, sondern

Wie ist Gott wirklich?

Mathematik. So beschreibt die Bibel, grob gesagt, auch die Beziehung, in der Gott und die Natur zueinander stehen. Er hat für die Natur einen „Stundenplan" festgelegt und im Großen und Ganzen lässt er die Natur auch nach diesem Stundenplan laufen, also nach dem, was wir als „Naturgesetze" bezeichnen.

Allerdings hat er die Macht und Autorität, jederzeit einzugreifen und dies zu ändern. Wenn er das tut, bezeichnen wir das, was dabei herauskommt, als „Wunder".

Aus diesem Grund sagen wir, dass einige der Erdbeben und Bodenbewegungen im Nahen Osten auf ein Eingreifen Gottes zurückzuführen sind. Sie werden übernatürlich gesteuert und nicht nur durch die Natur selbst, und weisen stets einen Bezug zu irgendeinem entscheidenden und bedeutsamen Ereignis in der Geschichte des auserwählten Volkes Gottes auf. So wurden beispielsweise Sodom und Gomorra durch ein Erdbeben zerstört. Das war ein „natürliches", aber auch ein übernatürliches Ereignis. Gott handelte im Zorn und zerstörte mit diesem Erdbeben nicht nur zwei, sondern vier Städte. Ein weiteres Erdbeben ereignete sich, als Gott Mose auf dem Berg Sinai erschien und ihm die Zehn Gebote gab. Das war ein ganz entscheidender Augenblick. Das Volk Gottes lagerte am Fuße des Berges und war angewiesen worden, sich nicht zu nähern. „Das ist heiliger Boden. Mose, du kannst kommen und mit mir reden, aber lass die Leute nicht näherkommen." Ein Erdbeben, das den Berg erschütterte, war es, was sie fernhielt, aber auch Feuer und Rauch, alles Hinweise auf irgendeine Form von vulkanischer Aktivität. Hier wurde Gottes Macht demonstriert. Hier zeigte sich Gott als Gott und die Furcht des Herrn kam über das Volk.

Später wird von weiteren Erdbeben berichtet. Eines davon ereignete sich in den Tagen von König Saul und zur Zeit des Propheten Elia. Das größte fiel in die Amtszeit eines Königs namens Usia, das schwerste Erdbeben im Alten Testament überhaupt. Der Prophet Amos erkannte darin zweifelsfrei ein Gericht Gottes über das Volk. Das Verhalten der Menschen war zutiefst böse; Gott ließ sie dafür bezahlen und erinnerte sie daran, wie sie eigentlich leben sollten. Interessanterweise sprach noch Jahrhunderte später Zefanja, einer der anderen Propheten, von diesem Erdbeben.

Wenn wir uns das Leben Jesu ansehen, hat es den Anschein, als habe sein Kommen Auswirkungen auf das ganze Universum gehabt. Als er geboren wurde, stand ein Stern am Himmel, der seine Geburt verkündete. Jemand sagte einmal zu mir: „Aber ist das nicht Astrologie? Bricht das nicht eine Lanze für Astrologie?" Ich sage: „Nein!" Die Astrologie glaubt, dass die Position der Gestirne zum Zeitpunkt der Geburt eines Kindes Auswirkungen auf dessen Charakter habe. Doch in Bethlehem war es die Position des Kindes, die Auswirkungen auf die Gestirne hatte. Das ist etwas ganz anderes.

Als Jesus starb, gab es eine dreistündige Sonnenfinsternis und die Erde bebte. Das Kreuz war in einer Vertiefung im Felsen fixiert und an einem bestimmten Punkt wurde der Fels erschüttert und damit auch das Kreuz. Und aufgrund dessen sagte ein römischer Offizier, der die Szene mitverfolgte: „Wahrhaftig, dieser war Gottes Sohn", weil er erkannte, dass Gott auf die Kreuzigung seines Sohnes reagierte, indem er den Felsen erschütterte, in dem das Kreuz fixiert war. Drei Tage und drei Nächte später geschah das Erstaunlichste überhaupt, das bis dahin und seither noch nie einem anderen Menschen widerfahren ist: Jesus wurde mit einem neuen Körper wieder lebendig. Und wieder heißt es, dieses Ereignis sei von einem Erdbeben begleitet worden. Gott unterstrich die Bedeutung des Geschehens mit einem Naturereignis.

Wir lesen weiter im Neuen Testament und finden Paulus und Silas im Gefängnis vor, wo sie um Mitternacht geistliche Lieder singen. Sie preisen Gott immer noch, obwohl sie in Ketten hinter verschlossenen Türen in einem stockfinsteren Loch sitzen. Wie reagierte Gott auf ihren Lobpreis? Er erschütterte die Stadt, die Türen des Gefängnisses sprangen auf und Paulus, Silas und die

Wie ist Gott wirklich?

anderen Gefangenen konnten ganz einfach ihre Zellen verlassen. Dies führte dazu, dass sich der Gefängniswärter bekehrte. Etwas in dieser Art hatte er noch nie zuvor gesehen. Er befand sich in einem Schockzustand angesichts dessen, was soeben geschehen war, doch zumindest wurde auf diese Weise sein Herz geöffnet, so dass er anfing, über Gott nachzudenken.

Die Bibel endet mit Voraussagen zunehmend häufiger und folgenschwerer Erdbeben, die auch an Intensität immer weiter zunehmen werden. Dieses Zeitalter wird mit dem größten Erdbeben, das es je gegeben hat und alle Teile der Welt erschüttern wird, zu Ende gehen. Die Bibel schreibt einige Erdbeben, die sich in dieser Phase der Geschichte ereignen werden, dem direkten Eingreifen Gottes zu, als Demonstration seiner Macht oder als Ausdruck seines Zorns oder einfach nur als Zeichen seiner Gegenwart, mit dem er zeigt, dass der Gott, der alles geschaffen hat, inmitten seines Volkes gegenwärtig ist.

Also demonstriert er damit seinen Zorn, seine Macht oder was auch immer. Wir bezeichnen dies als „Theismus", d.h. was Gott geschaffen hat, das hat er auch in der Hand. Einige dieser Ereignisse kann man somit als „natürlich" bezeichnen, andere als „übernatürlich" (was die Versicherungsbranche als „höhere Gewalt" bezeichnet). An diesem Punkt müssen wir uns nun einige sehr ehrliche Fragen stellen. Formulieren wir noch einmal das eigentliche Problem: Wenn Gott allmächtig und seine Liebe uneingeschränkt und er der einzige Gott ist, dann haben wir, ehrlich gesagt, ein Riesenproblem. Warum verursacht er dann solche Naturkatastrophen (oder lässt sie zu), die zahllose Menschenleben fordern und unendlichen Schaden anrichten? Warum? Nun, wir hielten bereits fest, dass wir akzeptieren müssen, dass der Gott der Bibel zufolge allmächtig ist. Er kann solche Dinge in Gang setzen und sie wieder aufhalten. Aber warum tut er es? Wir müssen uns als Nächstes der anderen Annahme zuwenden, nämlich dass Gottes Liebe uneingeschränkt ist. Und wir müssen dies ernsthaft hinterfragen! Ich weiß, dass

WARUM LÄSST GOTT NATURKATASTROPHEN ZU?

die Gemeinde Christi seit hundert Jahren in der öffentlichen Predigt sehr stark die Liebe Gottes in den Vordergrund stellt. Die Botschaft, die wir der Welt bringen, lautet: „Gott ist Liebe und Gott liebt dich." Ich werde Ihnen zeigen, dass dies meiner Meinung nach ein krasser Fehler gewesen ist und wir das nicht hätten tun sollen. Ich möchte mich für alle Prediger entschuldigen, die Ihnen gesagt haben: „Gott ist Liebe und Gott liebt Sie."

Den einen oder anderen Leser mag diese Aussage schockieren, aber ich werde meine Behauptung untermauern. Wenn wir die Bibel aufschlagen und uns die Frage stellen, wie Gott wirklich ist, stoßen wir auf einige recht überraschende Fakten, die ich Ihnen gerne vor Augen führen möchte. Sie werden Sie nachdenklich machen, wofür ich mich allerdings nicht entschuldige. Wir sollen Gott lieben mit unserem ganzen Denken und mit unserem Herzen und mit all unserer Kraft, und das größte unerforschte Terrain auf der Welt liegt zwischen Ihren beiden Ohren. Nur wenige von uns nutzen die maximale Kapazität des Gehirns, das Gott uns gegeben hat, und finden die Wahrheit. Was ist nun die Wahrheit über Gott? Wie gesagt: Seit hundert Jahren predigen christliche Prediger die Liebe Gottes und ich frage Sie: Wie wird auf diese Botschaft reagiert? Wie wird sie aufgenommen? Was vermittelt sie den Menschen, die sie hören? Meine Antwort auf diese Frage lautet (ganz einfach formuliert), dass sie ein sentimentales und kein biblisches Gottesbild entstehen ließ. Sie hat die Menschen dazu veranlasst, sich ihr eigenes, ihrer Vorstellung entsprechendes Gottesbild zu schaffen, anstatt das in der Bibel vermittelte Gottesbild zu akzeptieren. Ich möchte Ihnen erklären, was ich damit meine: Wenn wir sagen, dass Gott liebevoll ist, wie fasst die Welt dann diese Botschaft auf? Ich werde es Ihnen sagen: Sie fasst sie so auf, dass Gott so liebevoll sei, dass er nie und unter keinen Umständen irgendjemandem Schmerz oder Leid verursachen würde; dass er keiner Fliege etwas zuleide tun würde; dass Gott uns so sehr liebt, dass er uns vor allem Schmerz und Leid beschützt und sich um all unsere Nöte kümmert; dass er

Wie ist Gott wirklich?

kurz gesagt da ist, um uns glücklich zu machen. Um wirklich glücklich zu sein, braucht man natürlich mindestens zwei Dinge: Gesundheit und Reichtum. Deshalb geht man davon aus, dass Gott da sei, um uns vor Krankheit und Armut zu bewahren und dass er es nicht zulassen solle, dass irgendetwas in unsere Nähe komme, das uns Schmerz verursacht, sondern dass er sich darauf konzentrieren solle, uns all das zu geben, was uns Freude und Vergnügen bereitet.

Gott sei also da, um Schmerz von mir fernzuhalten und mir Wohlbehagen zu bereiten. Genau diese Vorstellung scheint sich im Denken vieler Menschen festzusetzen, wenn wir von einem „liebenden Gott" reden. Er ist da, um uns in dieser Weise zu dienen. Und, ganz offen gesagt, wenn er das nicht tut, dann feuern wir ihn. Wir geben ihm den Laufpass. Wir sagen: „Ich habe mit Gott Schluss gemacht." Ich kenne viele Menschen, die so daherreden. Sie sagen: „Ich würde ja an Gott glauben, wenn er es nicht zugelassen hätte, dass mir oder meiner Familie so etwas zustößt" oder meinen Verwandten oder meinen Freunden oder wem auch immer. Deshalb geben sie Gott den Laufpass. Sie sagen: „Wenn mir Gott Schmerz und Leid nicht vom Hals hält und mir nicht Genuss, Wohlbehagen und Sicherheit schenkt, dann bin ich mit ihm fertig."

Genau das ist es, was viele Menschen denken, wenn ich sage, Gott sei ein liebender Gott. Deshalb sage ich es nicht mehr, denn das ist nicht das Bild, das die Bibel von Gott zeichnet. Ja, das ist sogar meilenweit vom biblischen Gottesbild entfernt. In der Bibel verursacht Gott Schmerz und Leid. Er schenkt uns nicht nur Genuss, Wohlbehagen und Sicherheit. Das ist nicht der wahre Gott. Gott wird in der Bibel nicht so dargestellt, wie wir ihn uns gerne vorstellen. Die Bibel bezeichnet dieses menschliche Denken als Götzendienst, denn ein Götze ist ein Bild oder eine Vorstellung von Gott, die man sich selbst zurechtgelegt hat, die man sich ausgedacht hat, gleichgültig, ob man ihr nun in Holz oder Stein eine Gestalt gibt oder nur in den eigenen Gedanken.

WARUM LÄSST GOTT NATURKATASTROPHEN ZU?

Ich könnte mir einen Gott ausdenken und sagen: „Das ist ein Gott, der meiner Meinung nach Gott sein sollte; das ist die Art Gott, die ich mag; das ist die Art Gott, wie ich Gott haben möchte." Aber wir können Gott nicht manipulieren. Gott ist der, der er tatsächlich ist, und wir müssen herausfinden, wie er tatsachlich ist, bevor wir solche Mutmaßungen über sein Wesen anstellen. Wenden wir uns deshalb der Bibel zu. Kein Wunder, dass wir mit einem derart sentimentalen Gottesbild Probleme haben, wenn sich Naturkatastrophen ereignen. Deshalb sagen wir auch: „Warum lässt er es zu? Warum all das Leid? Das sollte er nicht tun, wenn er ein liebender Gott ist." Bevor wir also eine Antwort auf die Frage bekommen, die wir im Augenblick erörtern, müssen wir uns fragen, wie Gott wirklich ist.

Also schlagen wir die Bibel auf und ich beginne mit den Aussagen der Bibel über die Liebe Gottes. Und da dürfen wir uns auf einige Überraschungen gefasst machen. Bei alledem bitte ich Sie, dies anhand Ihrer eigenen Bibel nachzuprüfen; prüfen Sie alles, was ich sage. Ich möchte nicht, dass Sie meiner Meinung sind; ich möchte, dass Sie selbst herausfinden, ob das, was ich sage, in der Bibel steht. Wenn ja, dann können Sie sagen: „Die Bibel sagt mir das." Sagen Sie nicht: „David Pawson sagt mir das." Ich unterbreite Ihnen lediglich, wie ich die Bibel verstehe, aber ich möchte, dass Sie das alles prüfen. Holen Sie Ihre Bibel. Lesen Sie darin. Studieren Sie sie und finden Sie heraus, ob ich in diesem Punkt die Wahrheit sage, was meiner Meinung nach Gottes Wort ist.

Hierzu noch eine kleine Anmerkung. Man kann mit der Bibel alles beweisen, was man will, wenn man kleine Teile und Passagen herausgreift. Man nimmt einfach hier einen einzelnen Vers und dort einen einzelnen Vers. Man kann damit in der Tat beweisen, was man will, doch ich spreche davon, dass man die Bibel als Ganzes nimmt, das ganze Bild von Gott, wie es in der ganzen Bibel präsentiert wird.

Und hier haben wir gleich die erste Überraschung für Sie. Die

Wie ist Gott wirklich?

Bibel sagt sehr, sehr wenig über die Liebe Gottes. Sie erwähnt sie zwar, doch von den 35.000 Versen in der Bibel sprechen nur etwa 35 explizit und direkt von der Liebe Gottes, also wirklich ein verschwindend geringer Prozentsatz. In den meisten Büchern der Bibel wird die Liebe Gottes überhaupt nicht erwähnt; wird sie in einem Buch erwähnt, dann allenfalls in einem oder zwei Versen. Im 1. Buch Mose finden wir nichts über die Liebe Gottes; im 2. Buch Mose einen Vers; im 3. Buch Mose nichts; im 4. Buch Mose nichts und im 5. Buch Mose zwei Verse. In Josua nichts. Im Buch Richter nichts. In 1. und 2. Samuel nichts. In 1. und 2. Könige nichts und so könnte ich die Aufzählung bis zum Ende weiterführen. In der Bibel wird die Liebe Gottes wirklich nur sehr selten erwähnt. Warum hat die Gemeinde Jesu sie dann zu ihrer allumfassenden Botschaft gemacht? Ich denke, weil wir der Versuchung erlegen sind, den Menschen zu sagen, was sie gerne hören möchten, anstatt ihnen die Wahrheit zu sagen.

Die erste Überraschung, die wir erleben, wenn wir einen Blick in die Bibel werfen, ist also die, dass darin nur sehr wenig über die Liebe Gottes zu finden ist. Die zweite ist, dass genau genommen nie darüber in der Öffentlichkeit geredet wurde. Wenn die Juden im Alten Testament über die Liebe Gottes sprachen, redeten sie darüber mit anderen Juden und mit sonst niemandem. Die jüdischen Propheten hatten enorm viel über andere Nationen zu sagen, aber sie sagten nie etwas über die Liebe Gottes zu jenen. Das war sozusagen ein „internes" Thema und nur für jüdische Ohren bestimmt. Wenn wir ins Neue Testament blicken, stellen wir fest, dass für Christen, die über die Liebe Gottes sprechen, dasselbe galt. Über die Liebe Gottes redeten sie nie mit Leuten, die keine Christen waren. Das war etwas, das sie für sich behielten. Das ist wirklich eine große Überraschung, da ja die Gemeinde Christi heutzutage mit allen Leuten über kaum etwas anderes spricht. Doch weder Jesus noch seine Apostel predigten öffentlich die Liebe Gottes. Oder gehen wir in die Apostelgeschichte. In diesem Buch wird geschildert, wie die Urgemeinde evangelisierte, wie sich die Gemeinde im Mittelmeerraum ausbreitete, wie Juden und Nichtjuden gepredigt wurde und viele zum Glauben kamen. Doch in keinem einzigen Vers in der Apostelgeschichte ist von der Liebe Gottes die Rede. Es ist schon verblüffend, dass die Urgemeinde wuchs und sich ausbreitete, ohne die Liebe Gottes zu erwähnen!

Das wäre also die zweite Überraschung. Doch warum redeten Juden und Christen nur untereinander über die Liebe Gottes, so dass sie in der Schrift nur in privaten Gesprächen erwähnt wird und nicht in der öffentlichen Predigt? Die Antwort ist recht einfach. Sowohl Juden als auch Christen waren von Gott errettet worden. Er hatte etwas für sie getan, das er für alle anderen noch nicht getan hat. Und sie waren so dankbar dafür; in dem Bewusstsein, dass sie das, was er für sie getan hatte, keinesfalls verdient hatten, verstanden sie, wie groß Gottes Liebe zu ihnen sein müsse. Mit anderen Worten: Nur die, die von Gott errettet wurden (oder, um in biblischer Terminologie zu sprechen, die „erlöst" worden sind), können verstehen, welche Liebe Gott hat.

Und damit kommen wir zu einem dritten Faktum, das uns die Bibel präsentiert, nämlich dass man sehr genau darauf achtete, besondere Worte für „Liebe" zu verwenden, wenn man über Gott sprach, andere Worte als die, mit denen menschliche Liebe umschrieben wurde. Darf ich Ihnen an dieser Stelle das neutestamentliche Griechisch etwas näherbringen? Es tut mir leid, wenn ich nun etwas technisch klinge, doch die griechische Sprache kennt drei verschiedene Worte für „Liebe". Wir müssen nicht im Detail darauf eingehen, aber diese drei Worte sind eros, philia und agape. Das sind drei verschiedene Arten von Liebe; zwei davon dürfte fast jeder Mensch verstehen, die dritte hingegen nur die wenigsten. Das dritte Wort wurde in der Antike nur selten verwendet, weil man diese Art Liebe so gut wie gar nicht kannte und die Christen machten sich dieses Wort zu Eigen, um die Liebe Gottes zu beschreiben und um zu zeigen, wie sehr sie sich von unserer Liebe unterscheidet.

Wie ist Gott wirklich?

Gehen wir die drei Worte eros, philia und agape rasch durch. Eros ist in erster Linie ein Wort des Herzens, ein Wort der Emotionen. Es bezeichnet Liebe im Sinne von Anziehungskraft, d.h. wenn man jemanden sieht und sich von ihm angezogen fühlt. Deshalb wird dieses Wort auch so häufig für sexuelle Liebe gebraucht. Es spricht davon, dass man sich zu jemandem hingezogen fühlt. Blicke treffen sich. Es ist eine unfreiwillige Form von Liebe. Man erliegt ihr und kommt dann wieder von ihr los. Man kann sich nicht dagegen wehren. Das Herz übernimmt die Kontrolle und man verliebt sich.

Als Nächstes philia. Dabei handelt es sich um Liebe in Form von Zuneigung und es geht dabei weniger um Attraktivität. Ja, dieses Element ist auch darin enthalten, aber es ist vor allem Zuneigung und in erster Linie eine Liebe der inneren Gesinnung. Zwei Menschen treffen sich, stellen fest, dass sie gleich gesinnt sind und vieles gemeinsam haben und werden Freunde. Dies geschieht zum Teil unfreiwillig, eben weil man jemandem begegnet und seine Gesinnung und seine Art zu denken anziehend findet. Man hat Gemeinsamkeiten. Aber es ist auch eine freiwillige Liebe, weil man sich seine Freunde aussucht und sich entscheiden kann, mit wem man tiefer geht und wen man links liegen lässt.

Dann kommen wir zu agape, eine Liebe der Tat, Liebe in dem Sinn, dass man etwas Gutes tut, um jemand anderem zu helfen. Es ist eine Liebe des Willens und sie ist durch und durch freiwillig, etwas, wozu man sich entscheidet. Wenn Sie jemandem begegnen, der in Not ist, können Sie diese Not ignorieren oder sich dazu entscheiden, ihm in seiner Not zu helfen. Das ist die Art von Liebe, wie Gott sie hat. Das ist agape-Liebe.

Ich möchte dies anhand eines Beispiels veranschaulichen. Als einmal jemand zu Jesus kam und sagte: „Wie kann ich meinen Nächsten lieben? Was heißt es, meinen Nächsten zu lieben?" erzählte er ihm die Geschichte vom barmherzigen Samariter. Ein Jude war unter die Räuber gekommen und geschlagen worden.

WARUM LÄSST GOTT NATURKATASTROPHEN ZU?

Sie hatten ihn ausgeraubt und halb tot an der Straße liegen lassen. Ein Priester kam des Wegs und ging an ihm vorbei. Und auch ein anderer Passant ging an ihm vorbei. Doch dann kam ein Samariter, die ja normalerweise die Juden nicht mögen und auch die Juden mögen sie nicht. Im Herzen des Samariters war keine Liebe im Sinne von Hingezogensein zu einem Juden, der blutend am Wegesrand lag, und ebenso wenig Liebe im Sinne von Zuneigung oder Gleichklang. Die Juden und die Samariter waren von ihrem Denken her grundverschieden. Es gab keine gegenseitige Zuneigung zwischen ihnen. Sie mögen sich nicht. Doch der Samariter tat etwas Gutes, um die Not des anderen zu lindern. Das nennt Jesus Liebe. Es ist keine Liebe, bei der man sich voneinander angezogen fühlt oder gleichgesinnt ist, d.h. dass man jemanden mag. Es geht nicht darum, dass man jemand anderen begehrt oder mag, sondern dass man etwas tut, um ihm zu helfen. Das ist praktische Liebe, eine Liebe der Tat.

Am Piccadilly Circus im Herzen Londons steht eine Statue. Wissen Sie, wie sie heißt? Nein, nicht Eros. So heißt sie nicht. Man nennt sie nur im Volksmund so, weil die Leute sie sich nicht genau genug angesehen haben und meinen, es sei der Liebesgott mit Pfeil und Bogen und deshalb nennt man sie „Eros", die Liebe (ja sogar die Lust) des Hingezogenseins, vor allem in sexueller Hinsicht. Das passt natürlich recht gut zu dem, was rund um den Piccadilly Circus und im nahe gelegenen Soho geschieht. Doch die Statue hat nichts mit Eros, mit dieser Art von Liebe, zu tun. Es ist vielmehr eine agape-Statue! Sie wurde zu Ehren eines gewissen Anthony Ashley Cooper, besser bekannt als Lord Shaftesbury, errichtet, der sein ganzes Leben damit zubrachte, den Armen zu helfen, die Arbeitsbedingungen in Fabriken und Kohlegruben zu verbessern und Not zu lindern. Er wurde weithin verehrt und zwar so sehr, dass man seinen Namen sogar in der Westminster Abbey findet. Das ganze Land bewunderte ihn und an seiner Beerdigung nahmen so viele wichtige Persönlichkeiten teil, weil sie in ihm die tätig gewordene Liebe erkannten. Er hat sein ganzes Leben lang so viel Gutes für die Wohlfahrtspflege getan. Er war in eine reiche Aristokratenfamilie hineingeboren worden, widmete aber sein ganzes Leben den Armen, den Benachteiligten und der Arbeiterklasse. Deshalb hat man diese Statue errichtet und wenn man die Inschrift liest, findet man alles andere als eros und alles andere als philia, aber eine ganze Menge agape. Dieser Mann verlieh der Liebe, die Gott hat, Ausdruck.

Das sind also die biblisch fundierten Überraschungen über die Liebe Gottes. Sie werden kaum erwähnt. Davon ist nur unter jenen die Rede, die Gottes tätiges Eingreifen erlebt haben, als er sie erlöste und aus der Sklaverei loskaufte (sei es in Ägypten oder von der Sklaverei der Sünde, die noch viel schlimmer ist und in der die meisten von uns gefangen sind). Kurz gesagt, verstehen all jene die Liebe Gottes, die Vergebung erfahren haben. Es gibt etwas, das die Bibel nie sagt, und zwar: „Gott liebt jeden!" Ich fordere Sie auf, eine einzige Aussage in der Bibel zu finden, die besagt, dass Gott jeden liebt. Doch die Gemeinde Christi lehrt das. Kein Wunder, dass wir solche Resonanzen bekommen, Fragen wie: „Warum lässt Gott Leid zu?" oder: „Wie kann ein liebender Gott überhaupt jemanden in die Hölle schicken?" Solche Infragestellungen haben wir regelrecht herausgefordert. Wir haben dieses Problem geschaffen, indem wir den Menschen sagten, Gottes Liebe sei uneingeschränkt und er liebe jeden. Das ist nicht die Bibel.

Manche Leser nahmen Anstoß an dieser Aussage und erwiderten unisono: „Und was ist mit Johannes 3,16?" Ich habe diese Frage in meinem Buch „Ist Johannes 3,16 das Evangelium?" beantwortet, das sich inhaltlich mit einer ähnlichen Thematik beschäftigt.

Kapitel 4

HABEN WIR KATASTROPHEN VERDIENT?

Die Bibel sagt vieles über Gott, was sich wirklich nicht sehr „liebevoll" anhört. So sagt sie beispielsweise, er sei sehr geduldig mit den Menschen und langsam zum Zorn, er könne aber auch sehr zornig auf Menschen werden und ich sage Ihnen, wenn Gott auf Leute zornig wird, sind diese gut beraten, ihm so schnell wie möglich aus dem Weg zu gehen; für sie wäre es besser, sie wären nie geboren worden. Mein Neues Testament sagt mir, dass es furchtbar sei, in die Hände des lebendigen Gottes zu fallen.

Aber es gibt noch mehr Gegensätzliches. Gott hat seine Freude an einigen Leuten, vor allem, wenn sie gut sind, doch er hat eine Abneigung gegen andere Leute und diese Abneigung ist in der Bibel festgeschrieben, sie ist ein „Gräuel" in seinen Augen. Gott kann einen regelrechten Abscheu vor Menschen haben. Die Bibel sagt, dass er einen Abscheu vor uns hat, wenn wir männlich und weiblich miteinander verwechseln; dass er uns schuf, um verschieden zu sein, mit verschiedenen Rollen und verschiedenen Verantwortungsbereichen; dass es sogar sein Wille ist, dass wir unterschiedliche Kleidung und Frisuren haben. Wenn wir all das miteinander verwechseln und Männer sich wie Frauen benehmen und Frauen wie Männer und Männer sich wie Frauen kleiden und Frauen wie Männer und wenn Männer Sex mit Männern haben und Frauen mit Frauen, dann besagt die Lehre der Bibel, dass wir uns direkt dem widersetzen, wie Gott sich das Allerschönste in unserem Leben gedacht hat – Sex. Als Gott Sex schuf, sagte er: „Nun, das ist sehr gut." Das war sein Meisterstück. Er schuf uns als Mann und Frau und wir bringen seine Schöpfung völlig durcheinander und Gott hat einen Abscheu vor uns, weil wir

WARUM LÄSST GOTT NATURKATASTROPHEN ZU?

das tun.

Noch ein weiterer Kontrast: Die Bibel sagt, dass Gott Segen auf Menschen legt und dass Gott Fluch auf Menschen legt. Ist es „liebevoll", einen Fluch auf Menschen zu legen? Wenn man ein sentimentales Gottesbild hat, sicher nicht. In 5. Mose 28 sagt Gott zum Volk Israel: „Ich werde euch Segen schenken, wenn ihr so lebt, wie ich es will, aber ich werde Fluch auf euch legen, wenn nicht" und im weiteren Verlauf der Geschichte haben sie beides erlebt.

Aus der Bibel lernen wir also, dass Gott geduldig ist, aber auch sehr zornig werden kann; dass er liebt und hasst; dass er Segen und Fluch auf Menschen legt. Haben Sie gewusst, dass es in der Bibel genauso viele Verse über Gottes Hass gibt wie über seine Liebe? Etwa dreißig Mal wird auf die Liebe Gottes Bezug genommen und dreißig Mal auf seinen Hass. Doch dabei gibt es eine echte Überraschung: Man würde ja meinen, dass es das Böse sei, was er hasst, aber so etwas wie „das Böse" gibt es nicht. Das Böse existiert nur in bösen Menschen und von den dreißig Verweisstellen über den Hass Gottes beziehen sich zehn (also ein Drittel) auf seinen Hass auf das Böse, während in zwei Dritteln der Passagen ausdrücklich gesagt wird, dass er böse Menschen hasst. Ich frage mich, ob Sie schon einmal die klischeehafte Aussage gehört haben, dass „Gott die Sünde hasst, aber den Sünder liebt". Das ist nicht biblisch. Er hasst auch Sünder, wenn sie an ihrer Sünde festhalten und sich nicht davon lösen oder aus ihr befreien lassen. Folglich ist es so, dass Gott sowohl Menschen liebt als auch Menschen hasst. Deshalb wird Gott in letzter Konsequenz Menschen vernichten, aber auch heilen. Er ist ein Gott, der uns heilen kann und er ist ein Gott, der uns töten kann. Und der Bibel zufolge hat er schon viele, viele Menschen getötet. Entscheidend ist, dass er immer einen guten Grund dafür hat zu töten.

Bevor ich näher darauf eingehe, wollen wir uns mit dem scheinbaren Widerspruch befassen, dass Gott geduldig und langsam zum Zorn ist, aber sehr zornig werden kann; dass er

Segen und Fluch auf Menschen legt; dass er liebt und hasst; dass er heilt und tötet. Die Bibel liefert ein sehr ausgewogenes Bild dieser beiden Seiten von Gottes Charakter. Bedeutet das, dass Gott gleichzeitig gut und schlecht ist? Bedeutet das, dass er launisch ist, und man ihn bei guter Laune erwischen muss, wenn man zu ihm betet? Bedeutet das gar, dass er schizophren ist? Nein. Was bindet diese beiden Seiten seines Tuns in vollkommenem Gleichklang und innerer Stimmigkeit zusammen? Man kann nicht sagen: „Die Liebe", weil viele dieser Dinge unserem Verständnis von Liebe zufolge sehr „lieblos" sind. Doch was bindet sie zusammen? Die Antwort lautet: Es kann alles erklärt werden, vorausgesetzt, Gott ist gut. Doch wie gut ist Gott? Wir können es uns nicht vorstellen, weil Sie und ich, um ehrlich zu sein, wahrscheinlich noch nie einem wirklich guten Menschen begegnet sind. Wir kennen Leute, die eine Mischung aus Gut und Böse sind, manche mehr das eine, manche mehr das andere, doch niemand ist gut wie Gott. Ja, eines Tages kam jemand zu Jesus und sagte:

„Guter Lehrer, was muss ich getan haben, um ewiges Leben zu ernten?" Und Jesus erwiderte prompt mit den Worten: „Was nennst du mich gut? Niemand ist gut als nur einer, Gott."

Warum hasst Gott? Warum tötet er? Warum legt er Fluch auf Menschen? Weil er so gut ist! Für uns ergibt das keinen Sinn, weil wir keinerlei Erfahrung damit haben, dass jemand vollkommen gut ist und dies somit unser Denken bei weitem übersteigt. Aber Gott ist so gut, dass er das Böse hassen muss. Er ist so gut, dass er einen Fluch auf Menschen legen muss, die nicht gut sind. Er ist so gut, dass er Menschen vernichten muss, die böse sind. Und das erklärt auch viele Begebenheiten, von denen wir in der Bibel lesen. Zum Beispiel die Flut zur Zeit Noahs. Die Menschen damals wurden immer schlechter und schlechter. Der Bibel zufolge geschah zweierlei: vor allem pervertierter Sex und als Zweites war die Erde voller Gewalt. Im traurigsten Vers der Bibel sagt Gott:

„Ich bedauerte es, den Menschen geschaffen zu haben." Ich

WARUM LÄSST GOTT NATURKATASTROPHEN ZU?

habe gehört, wie Eltern manchmal sagten: „Wir wünschten, wir hätten keine Kinder bekommen. Wenn die Kinder so aufsässig sind und so gegen ihre Eltern gehen, wünschten wir uns, wir hätten sie nie in die Welt gesetzt." Gott hat sich das auch einmal gewünscht. Er bedauerte es, dass er den Menschen geschaffen hatte.

Deshalb beschloss er, ihn zu vernichten und er vernichtete die ganze Generation. Es war entsetzlich, aber Gott reinigte seine Erde von all jenen, die sie moralisch verschmutzten. Er hatte eine gute Erde geschaffen, gute Menschen hineingesetzt, aber er hatte ihnen die Freiheit gegeben, schlechte Menschen zu werden und genau das hatten sie getan. Er war mit seiner Geduld am Ende. Er sagte: „Ich werde nicht länger mit ihnen kämpfen" und er sagte noch etwas: „Ich kann in ihr Denken hineinsehen und alles, was ich sehe, ist schlichtweg entsetzlich. Aus ihren Gedanken kommt unentwegt nur Böses hervor. Sie denken immer nur Schlechtes." Aber es gab eine gute Familie. Zumindest waren da noch ein guter Mann und seine Frau und drei Söhne und drei Schwiegertöchter und sie waren gute Menschen. Gott sagte: „Ich werde diese Familie retten, weil sie gut sind. Aber ich muss die anderen vernichten, weil ich so gut bin, dass ich ihre Schlechtigkeit nicht tolerieren kann."

Dasselbe galt, als die Israeliten nach Kanaan hineinzogen. Manche Leute sagen, Gott habe sich einer „ethnischen Säuberung" schuldig gemacht, weil er den Israeliten auftrug, alle Kanaaniter zu töten. Aber es heißt, Gott habe dreihundert Jahre lang gewartet, bis die Kanaaniter schließlich so gottlos und Böse waren, dass sie es nicht mehr verdient hatten, am Leben zu bleiben (vgl. 1 Mose 15,16).

Mit anderen Worten liegt es also daran, dass Gott so gut ist. Doch das Wort „gut" verliert allmählich seine Bedeutung. Wir reden von einem „guten" Essen, einem „guten" Tag oder von „gutem" Wetter. Wir meinen damit, dass uns etwas Freude und Wohlbehagen bereitet. Doch das Wort „gut" sollte eigentlich nur für Gott verwendet werden, denn er ist die einzige wirklich gute Person im ganzen Universum. Deshalb muss er auch etwas gegen das Böse unternehmen. Es ist also nicht besonders hilfreich, wenn wir das Wort „gut" im Zusammenhang mit Gott verwenden. Die Bibel verwendet aus diesem Grund ein anderes, spezielles Wort. Es ist das Wort „gerecht". Gott ist gerecht. Dieses Wort bedeutet, dass alles, was er tut, richtig ist. Er ist vollkommen und absolut gerecht und fair. Man kann ihn nicht bestechen. Er wird nie der Korruption anheimfallen. Man kann ihn nicht manipulieren. Er wird immer tun, was absolut richtig und gerecht ist. Es ist gut, so einen Gott zu haben, nicht wahr?

Wirklich? Die Kehrseite seiner Gerechtigkeit ist, dass er niemals etwas Falsches tun kann. Er kann nicht lügen. Er kann kein Versprechen brechen. Er kann keinen schmutzigen Witz erzählen. Es gibt so viele Dinge, die Gott nicht tun kann und das ist die „Qualifikation" seiner Macht, weil er diese Macht nicht für etwas Schlechtes einsetzen kann. Das widerspricht seinem ganzen Wesen. In der Bibel wird also das Bild eines gerechten Gottes gezeichnet, der immer gerecht mit uns umgehen wird. Und er muss deshalb seinem gerechten Wesen entsprechend das Böse immer bestrafen. Er wäre weniger als gut, weniger als gerecht, wenn er über das Böse hinwegsehen würde, wenn er das Böse niemals bestrafen würde. Er muss es tun. Er ist so gut, dass er niemanden mit etwas Bösem ungeschoren davonkommen lässt. Wiederum denke ich, dass dies eine gute Nachricht ist. Das bedeutet, dass wir in einem Universum leben, das moralisch ist und dass niemand mit irgendetwas einfach so davonkommen wird. Ich weiß, dass sich Verbrechen hier und jetzt auszahlen; dass zwei Drittel aller Verbrechen von der Polizei nicht aufgeklärt und deshalb auch nicht vor Gericht bestraft werden, und viele Kriminelle meinen, sie kämen ungeschoren davon. Doch beachten Sie eines: Gott ist gerecht! Niemand wird je mit irgendetwas einfach so davonkommen. Für Sünde, Laster und Verbrechen muss bezahlt werden, weil dieses Universum in der Hand eines

WARUM LÄSST GOTT NATURKATASTROPHEN ZU?

gerechten Gottes ist.

Wir wollen diesen Abschnitt unserer Betrachtungen nun einer Schlussfolgerung zuführen. Es gibt zwei Dinge, die ich über Gott sagen könnte und die Sie vermutlich zu intensivem Nachdenken anregen würden. Hier ist das Erste: Ein gerechter Gott kann nicht vergeben, ohne dass eine Strafe bezahlt wird; wenn er das täte, wäre er weniger als gerecht. Er muss etwas gegen schlechte Dinge unternehmen. Er muss sie bestrafen und eines Tages endgültig verbannen. Ich kann Ihnen sagen, dass sich Gott genau dazu entschieden hat. Er hat in seinem Terminkalender bereits einen Tag festgelegt, an dem er jeden Menschen zur Rechenschaft ziehen wird und er wird jene bestrafen, die Schlechtes getan haben, und jene belohnen, die Gutes getan haben. Inwieweit betrifft das Sie? Nun, es ist wirklich komisch, aber es ist eine menschliche Schwäche, dass wir immer meinen, die anderen seien schlecht, andere Leute seien die Verursacher all der Probleme und Schwierigkeiten, die es auf der Welt gibt. Manche Leute sagen zu mir: „Warum vernichtet Gott nicht jetzt alle schlechten Menschen? Warum packt er die Sache nicht an und entledigt sich aller bösen Menschen auf Erden?" Hinter solchen Aussagen steckt eine Annahme, die ich recht amüsant finde. Die Leute sagen damit nämlich im Grunde, dass „... wir anderen alle dann ein glückliches, sicheres und angenehmes Leben führen können ..." Aber ich sage Ihnen mit allem gebührenden Ernst, dass, wenn Gott das jetzt täte und jeden vernichten würde, der aus dieser Welt einen schlechteren Ort macht als sie ist, niemand übrigbleiben würde! Dann gäbe es keinen Autor, der dieses Buch schriebe und niemanden, der es lesen würde, denn wenn Gott mit mir umgegangen wäre, wie ich es verdient habe, wäre ich jetzt nicht am Leben, und das liegt nicht daran, dass ich ein ungemein schlechter Mensch wäre! Aber ich weiß, dass ich seine Welt verunreinige. Das ist somit das Erste, was ich als Schlussfolgerung sagen möchte: Gott kann, da er gerecht ist, Sünde nicht vergeben, es sei denn, es ist bereits dafür bezahlt worden, es sei denn, es hat schon jemand anderer die Strafe für die Schlechtigkeit auf sich genommen.

Ich hoffe, dass sich damit Ihr Verständnis der Zusammenhänge etwas erweitert. Wenn Gott zu Ihnen und mir sagen würde: „Nun, der Mensch ist nun mal so. Ich lasse dich diesmal ungeschoren davonkommen. Versuch es nicht noch mal", dann wäre das unmoralisch. Es wäre unfair. Es wäre ungerecht. Ein gerechter Gott könnte so etwas nicht zu mir sagen. Aber er könnte Folgendes zu mir sagen: „Ich werde dir vergeben, weil jemand anderer bereits die Strafe für dich bezahlt hat."

Was ich noch als Schlussfolgerung sagen möchte? Ein gerechter Gott kann nicht die Unschuldigen bestrafen, sondern nur die Schuldigen, und damit stellt sich die Frage, was wir tatsächlich verdient haben. Habe ich es verdient zu leben oder zu sterben? Hat es irgendjemand von uns verdient zu sterben? Hat es irgendjemand von uns verdient zu leben? Das sind die Fragen, mit denen ich mich im folgenden Kapitel beschäftigen möchte. Doch dadurch ist nun folgender Gedanke naheliegend: Wenn Gott die Schuldigen bestraft, warum starb dann sein einziger Sohn eines gewalttätigen und vorzeitigen Todes? Ein unschuldiges Opfer hat keinen gewalttätigen und vorzeitigen Tod verdient und wenn es je einen Unschuldigen gegeben hat, dann Jesus. Selbst seine Feinde mussten zugeben, dass sie nichts Verkehrtes an ihm finden konnten. Dennoch erlegte Gott ihm einen gewalttätigen und vorzeitigen Tod auf.

Kapitel 5

WERDEN SIE JEMALS AUFHÖREN?

Greifen wir noch einmal den Kernpunkt unserer Betrachtung auf. Wenn wir an große Naturkatastrophen denken, stellen wir uns ganz natürlich die Frage, was sie mit Gott zu tun haben. Diese Frage könnte man in etwa so formulieren: „Wenn es einen Gott gibt und er allmächtig ist und seine Liebe uneingeschränkt, wie kann er es dann zulassen, dass so schreckliche Dinge geschehen?" Im vorigen Kapitel legte ich Ihnen den Gedanken nahe, dass wir möglicherweise unser Gottesbild korrigieren müssen. Meine Antworten auf diese Fragen stammen aus der Bibel, weil ich sie für Gottes Wort halte und sie uns unsere drängendsten Fragen am klarsten erklärt. Als wir unter die Lupe nahmen, ob Gott allmächtig ist, beschlossen wir, dass die Antwort „Ja" lauten müsse, er ist es. Er schuf die Natur, er hat die Kontrolle über die Natur, also hätte er Naturkatastrophen aufhalten können; er hätte sie auch auslösen können. Doch wir erinnern uns, dass es einige Dinge gibt, die Gott nicht tun kann: Er kann nicht lügen; er kann kein Versprechen brechen. Ich habe einmal in einer Liste zusammengeschrieben, was Gott nicht tun kann und hatte rasch dreißig Punkte beisammen, doch als ich mir diese Liste noch einmal durchlas, stellte ich fest, dass ich die meisten Dinge, die Gott nicht tun kann, schon getan hatte! Doch deshalb bin ich nicht mächtiger als er.

Nun wollen wir uns noch eingehender mit der anderen Seite dieser Thematik beschäftigen. Wir fragten, ob Gott „allliebend" ist (d.h. ob seine Liebe uneingeschränkt ist), wie er allmächtig ist, und ich versuchte, deutlich zu machen, dass es irreführend sei, diesen Begriff auf Gott anzuwenden, weil wir ihn in einer sentimentalen und nicht in einer biblischen Art und Weise interpretieren. Wir hielten fest, dass Gott Dinge tut, die niemand als „liebevoll" bezeichnen würde. Ja, er begnadigt Menschen, aber er bestraft sie auch; er legt Segen auf sie, aber auch Fluch; er heilt Menschen und er tötet Menschen.

Wir fragten uns, ob dies bedeute, dass Gottes Charakter zwei verschiedene Seiten habe (eine gute und eine schlechte) oder dass er launisch sei und man ihn bei guter Laune antreffen müsse, wenn man etwas Gutes von ihm haben wolle (er könnte ja auch schlechte Laune haben). Wir sagten, dass nichts von alledem gemeint ist. Ich habe versucht, Ihnen aufzuzeigen, dass Gott so gut ist, dass er all das tun muss. Er ist so gut, dass er das Böse hasst und sogar jene, die Böses tun. Die Bibel spricht genauso oft davon, dass Gott hasst, wie davon, dass er liebt. Das liegt daran, dass er so gut ist. Wir kamen aber auch darauf zu sprechen, dass sogar das Wort „gut" heutzutage seinen Wert und seine Bedeutung verloren hat. Wir führten dann ein anderes biblisches Wort ein, das Gott beschreibt, und zwar „gerecht". Gott ist so gerecht, dass er nichts Falsches tun kann und alles, was er tut, ist richtig. Wir können uns voll und ganz darauf verlassen, dass er gerecht ist, dass er fair ist, unempfänglich für Manipulation, Bestechung und Korruption. Er ist absolut gut, absolut gerecht. Und das erklärt einiges, was seine Person betrifft. Als ich meine Bibel studierte, gelangte ich zu der Schlussfolgerung, dass der Gott, den ich kenne, Gerechtigkeit mehr liebt als Menschen. Das mag Sie vielleicht schockieren, doch lesen Sie Ihre Bibel und finden Sie heraus, ob dies die Wahrheit ist. Wenn er sich entscheiden muss, ob er die Gerechtigkeit opfert oder Menschen, entscheidet er sich dafür Menschen zu opfern.

Den Beweis dafür tritt die Geschichte von Noah und der großen Flut an, ein klassisches Beispiel dafür, dass Gott Gerechtigkeit mehr liebt als Menschen, denn Noahs Generation war, wie die Bibel sagt, nicht gerecht. Die Menschen lebten für Essen und Trinken und Sex; sie waren gewalttätig geworden; und überdies

Werden sie jemals aufhören?

sah Gott, dass all ihre Gedanken die ganze Zeit über böse waren. Deshalb vernichtete er sie alle mit der Flut. Das war, nebenbei bemerkt, vielleicht ein Tsunami in Verbindung mit starkem Regen. Es heißt, die „Schleusen des Himmels" haben sich geöffnet und der Regen sei gefallen; aber es heißt auch, „alle Wasser der großen Tiefe" seien aufgebrochen – damit ist ganz sicher ein Tsunami gemeint; es muss zu dieser Zeit auch Erdbeben gegeben haben.

Ich möchte Ihnen in diesem Zusammenhang ein paar Dinge vor Augen führen. Zunächst einmal gab es eine gerechte Familie. Ein Gerechter namens Noah hatte die rechte Art der Lebensführung an seine Familie weitergegeben und acht Menschen wurden vor dieser schrecklichen Katastrophe gerettet. Zweitens: Ich erinnere Sie daran, dass die Flut verdient war. Gott ist so gut, dass er nie etwas über Menschen bringen würde, das sie nicht verdient haben. Das wäre absolut ungerecht und unfair und Gott ist so gut, dass er nie unfair sein würde. Ich möchte dies noch einmal betonen: Sie hatten es verdient und er ließ es über sie kommen. Drittens: Beachten Sie auch, dass er sie in hinreichender Weise davor gewarnt hatte, dass er es tun werde. Sie hatten also keine Entschuldigung dafür, dass sie das, was kommen würde, ignoriert hatten.

Gehen wir nun einen Schritt weiter. Jesus hatte keine sehr hohe Meinung von der menschlichen Natur. Er sagte beispielsweise: „Wenn nun ihr, die ihr böse seid, euren Kindern gute Gaben zu geben wisst ..." Er erkennt damit an, dass die menschliche Natur im Kern böse ist, auch wenn es uns gelingt, im Laufe unseres Lebens immer wieder einmal etwas Gutes zu tun. Es heißt auch, dass er nie jemandem vertraute, weil er wusste, was im Menschen war. In der Tat eine bemerkenswerte Aussage. Jesus vertraute den Menschen nicht; er konnte ihnen nicht trauen, weil er sie in und auswendig kannte und deshalb wusste, wie sie wirklich waren.

Wir erinnern uns: Als ein Mann zu Jesus sagte: „Guter Lehrer, was muss ich tun ...?" erwiderte er: „Was nennst du mich gut? Niemand ist gut als nur einer, Gott." Deshalb sollten wir dieses

WARUM LÄSST GOTT NATURKATASTROPHEN ZU?

Wort nie für irgendjemand anderen gebrauchen. Nun, das ist das krasse Gegenteil zur humanistischen Sicht der Dinge. Humanisten glauben, dass die menschliche Natur in ihrem Kern gut sei, auch wenn wir Böses tun, und der Humanismus geht oft noch einen Schritt weiter und glaubt, dass das Böse von außen auf uns komme, dass uns unser Lebensumfeld und unsere Umwelt zu bösem Verhalten verleiten, obwohl wir doch im Grunde gut seien. Doch das Böse kommt aus unserem Inneren. Unser Lebensumfeld kann gut sein und dennoch können die Menschen schlecht sein. Armut kann diese Situation verschärfen, Armut und ein schlechtes Lebensumfeld in der Familie können uns dazu bringen, uns mies zu verhalten, doch dabei wird nur etwas freigesetzt, das bereits in uns vorhanden ist. Wissen Sie, ich hatte drei Kinder und im Grunde lernten sie das Wort „nein" noch bevor sie „ja" lernten. Wir mussten ihnen nie beibringen, wie man grausam mit einander umgeht; wir mussten ihnen nur beibringen, wie man nett zueinander ist. Wir mussten sie nie lehren, grob zu sein, sondern nur, höflich zu sein. Waren unsere drei Kinder schlechter als alle anderen Kinder? Nein. Sie waren typisch. Eine Mutter sagte einmal zu mir im Hinblick auf ihr kleines Baby: „Das Problem ist ja nicht sein ‚ich-will', sondern sein ‚ich-will-nicht!'„ Damit sagte sie etwas, das alle Eltern wissen: Kinder sind nicht unschuldig. Deshalb tyrannisieren und schikanieren sich Kinder auch so oft an den Schulen. Deshalb gibt es auf den Kinderspielplätzen oft massive Probleme. Ich will damit sagen, dass die Bibel viel mehr von Gott hält als wir und viel weniger von uns, als wir in aller Regel selbst von uns halten. Und das führt zu einigen recht interessanten Schlussfolgerungen, die im Wort Gottes gezogen werden.

Doch bevor ich auf diese Schlussfolgerungen zu sprechen komme, sollten wir uns vergegenwärtigen, in welcher Hinsicht wir schlecht sind. Wie schlecht sind wir? Ich spreche nicht von echten Kriminellen. Jeder denkt, dass einige Leute zutiefst böse sind: Adolf Hitler, Saddam Hussein. Wenn ich sagen würde, dass sie in die Hölle kommen, würde man vermutlich Beifall klatschen. Ich würde ganz sicher nicht einige der Briefe bekommen, die ich zu diesem Themenbereich bekommen habe, doch wir alle denken, dass das Böse und die Schlechtigkeit in anderen Leuten sind, aber nicht in uns. Ich sagte bereits, dass manche Leute von einer falschen Annahme ausgehen, wenn sie zu mir sagen: „Warum tilgt Gott nicht alle schlechten Menschen von der Erde und lässt uns ein Leben in Frieden und Sicherheit führen?" Wenn Gott jeden, der schlecht ist, von der Erde wegnehmen würde, bliebe niemand übrig. Sie wären nicht hier und ich wäre nicht hier, wenn Gott im Sinne strenger Justiz mit uns verfahren wäre.

Ich möchte drei Aspekte dieser Schlechtigkeit hervorheben, an denen wir alle einen gewissen Anteil haben. Zunächst einmal unsere Haltung zur Schöpfung Gottes. Ich bin mir sicher, dass Ihnen bewusst ist, dass wir dabei sind, die Umwelt zu zerstören, von der wir abhängig sind. Wir roden die Wälder, die uns den Sauerstoff zum Atmen geben. Tierarten sind vom Aussterben bedroht, wir geben ihnen keinen Lebensraum; sie wurden alle von Gott zu seiner Freude geschaffen, doch wir rotten sie systematisch aus. Sie wissen, dass wir die Atmosphäre zerstören, durch globale Erwärmung und jetzt auch durch globale Verdunkelung: Es geht hierbei nicht nur um das Kohlendioxid in der Atmosphäre, sondern um die winzigen Kohlenstoffpartikel, die beim Verbrennen fossiler Brennstoffe entstehen und schon jetzt die Menge an Licht reduzieren, das von der Sonne ausgehend die Erdoberfläche erreicht – und unsere gesamte Nahrungsmittelversorgung ist von diesem Licht abhängig. Direkt oder indirekt produziert der Prozess der Photosynthese unsere Nahrungsmittel. Soviel zu unserer Haltung zur Schöpfung Gottes, und wir alle sind daran beteiligt. Manchmal reise ich mit der Bahn und der Dieseltriebwagen bläst Kohlendioxid und andere Schadstoffe in die Atmosphäre. Ich fahre auch mit dem Auto und das tut dasselbe. Wir alle sind dabei, Gottes Umwelt zu zerstören. Er gab sie uns, damit wir uns um sie kümmern und sie pflegen, und genau das tun wir einfach nicht. Wir alle produzieren Millionen Tonnen Müll und Deponien gibt es in Hülle und Fülle. Das ist nur ein Aspekt, an dem wir alle beteiligt sind. Wir zerstören die Schöpfung Gottes.

Als Zweites betrachten wir unseren Umgang miteinander. Wir töten weitaus mehr Menschen als jede Naturkatastrophe. Eine Viertelmillion durch den Tsunami, das war das Schlimmste, was wir bislang in unserem Leben gesehen haben, doch in den zwei Weltkriegen wurden fünfzig bis sechzig Millionen Menschen hingemetzelt, und es heißt, in der ehemaligen Sowjetunion seien achtzig Millionen Menschen getötet worden. Im Zweiten Weltkrieg wurden sechs Millionen Menschen von Gottes auserwähltem Volk umgebracht, sie hatten nicht einmal irgendjemandem den Krieg erklärt, aber dennoch litten sie grausam. Gott bezeichnet die Juden als seinen Augapfel und damit ist genau genommen die Iris gemeint, der empfindlichste Teil des Körpers überhaupt. Wenn man sein auserwähltes Volk antastet, tastet man seine empfindlichste Stelle an, seinen Augapfel.

Manche fahren unter Alkoholeinfluss mit dem Auto und kümmern sich nicht darum, dass sie andere Menschen damit in Gefahr bringen. Wir setzen uns über Geschwindigkeitsbeschränkungen hinweg. Jeden Tag tun wir etwas, womit wir das Leben anderer aufs Spiel setzen.

Und vor allem geht ein Drittel der Weltbevölkerung jeden Tag hungrig zu Bett, einem weiteren Drittel droht der Hungertod und wir im Westen essen so viel, dass schon unsere Kinder Probleme mit Fettleibigkeit haben.

Als Noah die Arche wieder verließ, versprach Gott ihm, dass er stets dafür sorgen werde, dass die gesamte Menschheit ausreichend zu essen hat, und es gibt heute in der Welt genug zu essen für jedermann, so dass jeder satt werden kann. Warum ist es dann nicht so? Zum Teil, weil einige von uns so habgierig sind, dass sie ihr Essen nicht mit denen teilen, die es benötigen. Es ist nicht Gottes Fehler, dass Menschen verhungern; es ist

Werden sie jemals aufhören?

unser Fehler und wir müssen die Schuld dafür auf uns nehmen. Wir sind im Prinzip alle Mörder. Die Nazis behandelten die Juden wie Untermenschen; wir machen uns desselben Irrwegs schuldig, wenn wir die Nazis wie Untermenschen behandeln. Sie waren Menschen wie Sie und ich. Die Soldaten in Auschwitz, die Hunderte von Juden umbrachten, gingen anschließend nach Hause, um mit ihren Kindern zu spielen und sogar Weihnachtslieder zu singen. Sie alle waren menschliche Wesen, und wenn Sie sich selbst so erkennen, wie Sie tatsächlich sind, wenn Sie in die Bibel schauen und sie sich wie einen Spiegel vorhalten, dann wird Ihnen bewusstwerden, dass wir alle zu solchen Dingen fähig sind.

Jesus kam und sagte etwas ziemlich Niederschmetterndes. Er sagte, dass Sie im Prinzip ein Mörder sind, wenn Sie schon einmal jemandem den Tod gewünscht haben. Wenn Sie jemanden als Idiot bezeichnet haben, sind Sie ein Mörder. Zu mir kamen Leute in die Seelsorge, zu denen ihre eigenen Eltern gesagt hatten, als sie noch Kinder waren: „Du taugst nichts." Das hat ihren Geist für den Rest ihres Lebens getötet.

Unsere Haltung zu unseren Mitgeschöpfen bringt also ans Licht, dass wir alle in der Lage sind, wirklich schlechte Menschen zu sein.

Ich erwähnte bereits unsere Haltung zur Schöpfung und unsere Haltung zu unseren Mitgeschöpfen. Und was ist mit unserer Haltung zu unserem Schöpfer? Er hat uns ein Buch mit Anweisungen fürs Leben gegeben. Er hat uns bestimmte Regeln gegeben, die dazu dienen, dass wir gesund und glücklich sind. Was machen wir mit ihnen? Wir ignorieren sie. Wir machen uns unsere eigenen Regeln. Nehmen Sie nur den vorzüglichen Genuss der Sexualität: Gott hat gesagt, wenn Sie Sex in maximaler Weise genießen wollen, dann gilt: absolute Reinheit vor der Ehe, absolute Treue in der Ehe und Sie werden mehr Freude am Sex haben als irgendjemand sonst. Und was tun wir? Wir ignorieren beide Regeln und machen es so, wie wir wollen. Ich denke, der

WARUM LÄSST GOTT NATURKATASTROPHEN ZU?

Kern unserer Rebellion gegen Gott besteht darin, am Ende unseres Lebens sagen zu können: „I did it my way – Ich hab es so gemacht, wie ich wollte!" Das ist die Hymne der Sünder.

Aber ich denke nicht nur an die Regeln, die Gott uns zu unserem Besten gegeben hat, damit wir selbst glücklich und gesund sind. Mir geht es auch darum, wie wir ihn als Person behandeln. Viele Menschen ignorieren ihn einfach. Sie gehen am Sonntag lieber auf den Flohmarkt oder zu einem Fußballspiel, als eine Stunde mit seinem Volk zu verbringen, ihm zu danken und ihm sagen, wie viel er uns bedeutet. Wir beleidigen ihn, indem wir unsere Verehrung und Anbetung auf andere Götter und Götzen richten, nicht notwendigerweise andere Religionen, sondern Götzen wie Filmstars, Popstars, Spitzensportler; und wir geben ihnen die Verehrung, die einzig und allein Gott gehört. Gott allein ist würdig, Anbetung in dieser Form zu empfangen.

Doch vor allem beleidigen wir ihn, indem wir ihm nicht für all das danken, was er für uns tut. Ich möchte eine Geschichte aus dem Alten Testament herausgreifen, die Gott so zeigt, wie er wirklich ist. Mehrere hunderttausend Menschen steckten in einer Wüste namens Sinai fest, es war ihr eigener Fehler gewesen. Sie hätten das verheißene Land innerhalb von vierzehn Tagen erreichen können. Sie sollten vierzig Jahre in der Wüste verbringen, weil sie Gott nicht vertrauten, dem Gott, der sie aus Ägypten herausgeholt hatte; sie hatten nicht das Vertrauen, dass er sie ins verheißene Land bringen werde. Sie glaubten ihm nicht. Deshalb saßen sie in der Wüste fest. Gott hätte sie sich selbst überlassen und sagen können: „Ihr seid nicht hineingegangen und habt das Land nicht eingenommen, als ich es euch gab. Deshalb kommt ihr um." Aber das tat er nicht. Er gab ihnen jeden Tag eine Wunderspeise namens „Manna" zu essen und Wasser aus dem Felsen; er versorgte sie; er kümmerte sich darum, dass sie etwas zum Anziehen hatten; er gab ihnen Wasser – vierzig Jahre lang. Doch in diesen vierzig Jahren kam es einmal so weit, dass sie sich an Mose wandten, den Gott dazu gebraucht hatte, sie aus der Sklaverei herauszuführen.

Werden sie jemals aufhören?

Sie beschwerten sich bei ihm über das Essen, das Gott ihnen gab. Sie sagten, es sei widerlich und sie vermissten die ägyptischen Gewürze und den Knoblauch. „Warum hast du uns herausgeführt, nur um uns dieses grauenhafte Essen zu geben?" Diese Nahrung hatte alle Mineralien, Proteine, Kohlenhydrate und Vitamine, die sie benötigten. Aber sie schmeckte ihnen nicht. Deshalb murrten sie, was Gott erzürnte.

Was tat er? Er schickte ihnen Giftschlangen und viele wurden gebissen und starben. Ganze Familien wurden Opfer dieser Schlangen, und Menschen, die sie liebten, kamen um. Also taten sie Buße. Sie riefen zu Mose: „Sag Gott, dass wir gesündigt haben; das hätten wir nicht tun sollen; wir hätten nie murren sollen. Bitte ihn, diese Schlangen wieder wegzunehmen." Aber er nahm sie nicht weg. Er ließ die Schlangen, wo sie waren, so dass sie sie weiterhin beißen und töten konnten. Aber er trug Mose auf, eine bronzene Schlange an einem Pfahl zu befestigen und diesen Pfahl auf einem Hügel am Rand des Lagers aufzurichten. Wer gebissen wurde, brauchte nur auf diese Schlange am Pfahl zu sehen und schon wich das Gift aus seinem Körper.

Sie entgegnen vielleicht: „Was für eine entsetzliche Geschichte! Aber das ist Altes Testament, nicht wahr?" Nein. Jesus selbst bekräftigt dieses Gottesbild, ein Gott, der zornig wird, wenn ihm nicht gedankt wird für das, was er tut, um uns in unserem Leben zu unterstützen. Und wissen Sie, in welchem Kapitel im Neuen Testament Jesus dieses Gottesbild bestätigt? In Johannes, Kapitel 3, Vers 14 und 15, und anschließend kommt Vers 16: „Denn in derselben Weise hat Gott die Welt geliebt ..." Mit anderen Worten: Man muss Gottes Liebe in Einklang bringen mit einem Gott, der zornig genug wird, um Menschen zu töten, wenn sie undankbar sind. Wann haben Sie das letzte Mal Gott für alles gedankt, was er getan hat, um Sie am Leben zu erhalten? Verstehen Sie, was ich meine? Wir nehmen all das als Selbstverständlichkeit hin. Wir sagen, wir haben ein Recht auf Essen, ein Recht auf Gesundheit, ein Recht auf Leben. Nein, haben wir nicht.

WARUM LÄSST GOTT NATURKATASTROPHEN ZU?

Ich habe diese drei Themenbereiche nur angeschnitten. Wir könnten noch ausführlicher darüber nachdenken, welche Haltung wir zur Schöpfung haben, zu unseren Mitgeschöpfen und zu unserem Schöpfer, aber wir wollen nun zu den Schlussfolgerungen weitergehen, die die Bibel aus alledem zieht.

Die erste Schlussfolgerung, die die Bibel zieht, lautet: Wir haben es nicht verdient zu leben. Wir alle ruinieren Gottes Schöpfung im Hinblick auf uns selbst, im Hinblick auf andere und im Hinblick auf Ihn. Wir sind allesamt schuldig. Keiner von uns ist gut genug, sich um seine Welt zu kümmern. Das ist die erste Schlussfolgerung und noch dazu eine sehr wichtige!

Die zweite Schlussfolgerung: Wir haben den Tod verdient. Jeder von uns hat es verdient zu sterben. Warum? Weil Gott schlechte Menschen nicht ewig leben und sein Universum bis in alle Ewigkeit von ihnen ruinieren lassen kann. Deshalb hat er der Lebensdauer des Menschen eine Grenze gezogen, siebzig oder achtzig, heutzutage manchmal sogar neunzig oder vielleicht sogar hundert Jahre. Doch dann sterben wir. Es ist schon interessant: Die Bibel sagt nicht, dass der Tod ein natürliches Ereignis sei. In der Bibel ist der Tod eines Menschen nichts Natürliches. Wir sind nicht dazu geschaffen zu sterben. Es war nicht so gedacht, dass wir sterben sollten und wir rebellieren gegen den Tod. Wir zögern ihn so lange wie möglich hinaus. Wir reden nicht darüber, weil wir nicht dazu geschaffen wurden zu sterben, und das wissen wir auch. Der Tod ist ein Feind und deshalb versuchen wir, nicht über ihn zu reden. Wir sehen ihm nicht gern ins Auge. Heutzutage ist er tabu, weil er kein natürliches Ereignis, sondern ein „richterlicher Erlass" ist. Ich meine damit, dass wir schuldig sind und den Tod verdient haben und Gott zu uns gesagt hat: „Du wirst sterben." Das hat er zu Adam gesagt, damals im Garten Eden: „An dem Tag, an dem du mir gegenüber ungehorsam bist, stirbst du." Er muss unsere Lebensspanne limitieren, damit wir nicht bis in alle Ewigkeit damit weitermachen, alles zu ruinieren. Er musste es tun. Deshalb ist jeder Tod, ob er früh oder spät kommt, ein "richterlicher Erlass" oder, um es einmal ganz unverbrämt zu sagen, eine Hinrichtung von jemandem, der es nicht verdient zu leben.

Ich gehe noch einen Schritt weiter. Wir haben es nicht nur nicht verdient zu leben und nicht nur haben wir alle es verdient zu sterben, sondern wir alle haben einen verfrühten und gewaltsamen Tod verdient. Möglicherweise könnten wir ja den Tod akzeptieren, wenn er friedlich und erst im hohen Alter käme, wenn wir müde und bereit sind, einzuschlafen, doch tatsächlich ist es so, dass wir alle einen verfrühten und gewaltsamen Tod verdient haben. Was veranlasst mich, so etwas zu sagen? Nun, als Christ glaube ich, dass es eine Person gab, die den Tod nicht verdiente. In der gesamten Geschichte der Menschheit gab es nur einen, der ein gutes Leben lebte und niemand kann das bestreiten. Sogar seine Feinde gaben zu, dass sie keinen Fehler an ihm finden konnten. Natürlich spreche ich von Jesus. Deshalb hätte Jesus bis in Ewigkeit weiterleben sollen. Aber das tat er nicht und Gott sah seinen Tod vor, nicht in Ruhe und Frieden mit siebzig oder achtzig in seinem Bett in Nazareth, sondern es war eine Hinrichtung im Alter von dreißig Jahren, ein ausgesprochen schmerzhafter und demütigender Tod: an einen Pfahl gehängt wie die Schlange, die Mose an einem Pfahl befestigt hatte. Und weil er einen gewaltsamen und verfrühten Tod starb, und weil ich weiß, dass Gott dies geplant hatte und dass er es geplant hatte, damit Jesus an meiner Stelle sterben und den Preis bezahlen konnte, den zu zahlen ich verdient hätte, deshalb weiß ich, dass ich einen verfrühten und gewaltsamen Tod verdient habe. Deshalb sieht jeder Christ jeden Tag des Lebens, ja jedes Leben, ob lang oder kurz, als Gnade an, als eine unverdiente Gunst Gottes!

Ich interviewte einmal einen Bestattungsunternehmer und sagte zu ihm: "Sie müssen schon in vielen Häusern gewesen sein, in denen es tragische, plötzliche und unerwartete Todesfälle gab. Einige davon waren möglicherweise Christen. Ist Ihnen jemals ein Unterschied aufgefallen zwischen einer christlichen Familie, die mit einem plötzlichen, verfrühten Todesfall konfrontiert war, und einer nichtchristlichen Familie?"

Er schaute eine Zeitlang sehr nachdenklich drein und sagte dann: „Ja, mir ist ein Unterschied aufgefallen. In christlichen Familien gibt es keine Verbitterung und keinen Groll." Mir war klar, dass er damit den Christen ein echtes Kompliment machte. Christen wissen, dass wir alle es verdient haben, vor unserer Zeit zu sterben, dass wir alle es verdient haben, eines gewaltsamen Todes zu sterben, und dass aus diesem Grund alles andere die reine, blanke, unverdiente Gnade Gottes ist.

In der Mitte der Bibel heißt es: „Es liegt an seiner großen Liebe, dass wir nicht verzehrt werden" (Klgl 3,22; wörtl. a. d. Engl.). Dies stellt unsere Kernfrage in einem ganz anderen Licht dar. Die Bibel stellt nie die Frage, mit der ich mich in diesem Buch beschäftige. Die Bibel fragt nie: „Warum hat Gott das zugelassen?" Ja, die Bibel führt uns vielmehr zur Gegenfrage, zu einer ganz anderen Frage. Sie lautet nicht: „Warum sind bei dieser Naturkatastrophe so viele Menschen gestorben?", sondern: „Warum sind so wenige gestorben?" Nicht: „Warum gibt es immer wieder Naturkatastrophen?", sondern: „Warum sind sie nicht häufiger?" Wenn es das ist, was wir wirklich verdient haben, dann ist es in der Tat erstaunlich, dass sie nicht häufiger sind und mehr Menschen töten. Damit betrachtet man die Sache aus einem ganz anderen Blickwinkel. Wie sind wir zu dieser Perspektive gelangt? Weil die Bibel uns sagt, dass Gott weitaus besser ist als wir dachten, und wir weit schlechter als wir dachten. Das ganze Bild ändert sich, wenn man einen biblischen Blickwinkel einnimmt.

Hören wir, wie sich Jesus zu diesem Thema äußert. Er erlebte während seiner Zeit auf Erden eine echte Katastrophe. Ein Turm stürzte ein, so wie die Türme in New York einstürzten. Wir wissen nicht, ob Naturfaktoren oder menschliche Fehler daran schuld waren, dass zur Zeit Jesu dieser Turm einstürzte. War er einfach nur schlecht gebaut? Oder hatte es ein Erdbeben gegeben? Oder war es eine Mischung aus beidem, dass er nicht stabil genug war,

Werden sie jemals aufhören?

um den Bodenbewegungen in diesem bekannten Erdbebengebiet zu widerstehen? Was auch immer der Grund für den Einsturz war, ob es natürliche oder menschliche Faktoren waren, es war jedenfalls eine Katastrophe enormen Ausmaßes, bei der viele Menschen ihr Leben verloren. Es kamen einige Leute zu Jesus und fragten ihn: „Waren die Menschen, die in der Katastrophe umkamen, schlechter als wir, schlechter als die Überlebenden?" Mit anderen Worten: Zielte die Katastrophe darauf ab, Menschen loszuwerden, die schlechter waren als andere?

Jesu Antwort fiel ganz einfach aus. Er sagte: „Nein, sie waren nicht schlechter, aber sie waren auch nicht besser." Jesu Antwort war: Sie hatten es verdient und ihr habt es auch verdient und ihr habt eine Gelegenheit bekommen, Dinge zu bereinigen, bevor ihr sterbt. „Wenn ihr nicht Buße tut, werdet ihr alle ebenso umkommen" (Lk. 13,3).

Was für eine Antwort! Ich bin ein Nachfolger Jesu. Ich glaube, dass er die Wahrheit war. Ich glaube, dass er die Wahrheit sagte. Und als er im Hinblick auf diese Katastrophe sagte, dass die Menschen, die dabei starben, den Tod verdient hätten und dasselbe auch für die Überlebenden gelte, hat er nach meiner Überzeugung die Wahrheit gesagt, und das sollte auch unsere Reaktion auf jede Naturkatastrophe, auf jede menschliche Katastrophe sein, wodurch auch immer sie ausgelöst wurde. Sie haben es verdient und das gilt auch für uns. Ich danke Gott, dass er mir in seiner Gnade eine Chance gibt, Dinge zu bereinigen, bevor ich denselben Weg gehe wie sie. Denn eins ist sicher: Wir werden alle diesen Weg gehen. Ich bin ein Mensch, der auf den Tod zugeht. Ich bin Mitte siebzig; meine Kinder necken mich immer und sagen, ich stünde mit einem Bein im Grab und mit dem anderen auf einer Bananenschale, aber das ist die Wahrheit. Wenn unser Leben einen Tag lang ist, dann lebe ich jetzt nach 23 Uhr. Wir müssen diesbezüglich realistisch sein. Ich werde sterben und auch Sie werden sterben. Dass ich in meinem Alter immer noch am Leben bin, ist eine Gnade Gottes und nichts, was ich verdient hätte, nichts, worauf ich ein Recht hätte. Das ist etwas, das er mir zugestanden hat. Ich hätte auch schon viel früher sterben können. Die Bibel schenkt viel Einsicht und das hilft uns, Dinge zu verstehen. Noch eine Einsicht, über die Sie sich vielleicht noch nie Gedanken gemacht haben: Es gibt einen Zusammenhang zwischen der Natur und der menschlichen Natur. Beides ist Teil der Schöpfung Gottes. Wir erkennen immer mehr, dass dies auf der physischen Ebene so ist. Uns wird bewusst, dass sich das, was wir tun, auf die Natur auswirkt und dass sich das, was in der Natur geschieht, auf uns auswirkt. Wir sind bereits zu dem Fazit gelangt, dass Erderwärmung und globale Verdunkelung unter anderem darauf zurückzuführen sind, dass wir fossile Brennstoffe verbrennen. Wir wissen also, dass es einen Zusammenhang gibt zwischen uns und der Natur. Doch Folgendes ist Ihnen vielleicht noch nicht aufgefallen: Die Bibel lehrt, dass es einen moralischen und geistlichen Zusammenhang gibt zwischen dem menschlichen Wesen und der Natur; dass wir einander auf der moralischen und geistlichen Ebene beeinflussen; und dass die Natur nicht mehr gut ist. Sie war gut, als Gott die Schöpfung vollendet hatte und ganz am Anfang sagte: „Das ist gut. Das gefällt mir." Er hatte Gefallen an ihr, weil sie so gut war. Aber jetzt ist sie nicht mehr gut. Irgendwie wurde auch die Natur von dieser gegen Gott gerichteten Rebellion in uns in Mitleidenschaft gezogen. Es war einmal ... eine Zeit, in der der Wolf und das Lamm friedlich nebeneinander liegen und in Sicherheit koexistieren konnten. Es war einmal ... eine Zeit, in der Löwen noch Vegetarier waren. Es war einmal ... eine Zeit, als Schlangen noch kein Gift hatten. Das steht in meiner Bibel. Es ist schiefgelaufen, ziemlich schief, so dass nicht nur die menschliche Natur schlecht ist, sondern jetzt auch die Natur alles andere als gut. Die beiden sind miteinander gekoppelt und deshalb kann es eine eher unscheinbare Verknüpfung zwischen dem geben, dass die Natur aus dem Ruder läuft und dass die menschliche Natur aus dem Ruder läuft, was sich in Katastrophen widerspiegelt.

Werden sie jemals aufhören?

Ich werde gleich auf die größte Überraschung überhaupt zu sprechen kommen, doch die Bibel sagt, dass die Natur selbst kämpft bzw. „seufzt". Das könnte der Klang sein, den die tektonischen Platten erzeugen, doch die Natur seufzt, weil auch sie Erlösung, Errettung, Veränderung braucht und in einen guten Zustand zurückgeführt werden muss. Es ist wirklich eine Überraschung, dass die Bibel sagt, die Natur werde erst dann errettet und wieder gut gemacht werden, wenn wir es sind, dass die ganze Schöpfung seufzt und kämpft und darauf wartet, dass wir erlöst werden und wenn das geschieht, wird auch die Natur von Tod und Verfall befreit werden (vgl. Röm. 8,22.23).

Wirklich eine außergewöhnliche Aussage! Es ist interessant, dass Charles Darwin in seiner Evolutionstheorie dieses Wort „Kampf" (engl. struggle) aufgriff. Er sah die Natur als Kampf, in dem die am besten Angepassten überleben (survival of the fittest). Das wurde von Karl Marx aufgegriffen. Er sprach von einem „Kampf" zwischen der Bourgeoisie und dem Proletariat, wobei die Arbeiterklasse die „Fittesten" seien und überleben würden. Das wurde wiederum von Nietzsche aufgegriffen, dessen Philosophie Hitler beeinflusste und Hitler schrieb ein Buch mit dem Titel „Mein Kampf". Das zwanzigste Jahrhundert wurde von den Schlagworten „Kampf" und „Survival of the Fittest" nachhaltig geprägt. Das Wort „Kampf" hat somit eine tragische Geschichte.

Jesus hat vorausgesagt, dass gegen Ende dieser Phase unserer Weltgeschichte Katastrophen immer mehr zunehmen würden, sowohl ausgelöst von Menschen als auch von der Natur und deshalb hat er sie in einem Atemzug erwähnt. Er sagte, es werde Kriege, Hungersnöte und Erdbeben geben (vgl. Mt. 24,7). Kriege werden eindeutig von Menschen verursacht; Erdbeben werden von der Natur verursacht; Hungersnöte vermutlich von beiden gemeinsam. Aber er sagt, dass wir hier mit einer Steigerung rechnen müssen. Haben Sie gewusst, dass sich die Zahl der Erdbeben alle zehn Jahre verdoppelt? Es ist nicht nur so, dass

WARUM LÄSST GOTT NATURKATASTROPHEN ZU?

wir heute eben mehr darüber erfahren, weil wir Fernsehen und Radio haben; es ist tatsächlich so, dass sie immer häufiger werden. Fragen Sie einen Seismologen. Jesus hat das schon vor zweitausend Jahren vorausgesagt. Was steckt dahinter? Wer ist dafür verantwortlich, dass es immer mehr werden? Proportional zur Weltbevölkerung gerechnet, starben im zwanzigsten Jahrhundert mehr Menschen als in irgendeinem Jahrhundert davor. Wie wird das 21. Jahrhundert werden? Nun, es hat schlecht begonnen und wir haben noch nicht einmal die ersten zehn Jahre hinter uns. Seit dem Zweiten Weltkrieg gab es 36 Kriege, die internationale Konflikte waren, von all den Bürgerkriegen ganz zu schweigen. Diese Katastrophen nehmen immer mehr zu, was bedeutet, dass auch Schmerz und Leid immer weiter zunehmen werden.

Jesus hat das gesagt. Nun, bewahrheitet es sich? Ich glaube schon. Doch warum wird es immer mehr? Ganz einfach gesagt, kann man das, wie ich meine, damit erklären, dass Gott seine Hand, die solche Dinge zurückgehalten hat, von der Natur wie auch von der menschlichen Natur immer mehr wegzieht. Ich nehme an, dass wir nie erfahren werden, wie sehr Gott die Auswirkungen unserer Sünden, Verbrechen und Laster zurückhält und wie viel wir dieser Tatsache zu verdanken haben. Er hat diese Dinge zurückgehalten, doch wir lesen beispielsweise im ersten Kapitel des Römerbriefs, was geschieht, wenn Gott seine Hand von der menschlichen Gesellschaft nimmt: Unnatürliche sexuelle Beziehungen nehmen überhand. Gewalt nimmt überhand. Immer mehr Familien brechen auseinander und vor allem der Ungehorsam der Kinder gegenüber ihren Eltern nimmt immer mehr zu. Wenn Sie Römer 1 lesen, wird Ihnen das vorkommen wie eine Sonntagsausgabe der Regenbogenpresse. All diese Dinge geschehen, weil Gott seine Hand von der menschlichen Natur wegnimmt. Warum sollte er das tun? Auch auf diese Frage finden wir eine einfache biblische Antwort in eben diesem Kapitel, Römer 1. Wenn die Menschen Gott aufgeben, gibt Gott die Menschen auf. Das ist fair, oder nicht? Das ist gerecht. Wenn sie ihm immer weniger Aufmerksamkeit schenken, schenkt er ihnen auch immer weniger Aufmerksamkeit. Sie hören auf, ihn anzubeten und ihm zu danken; er hört auf, das Böse auf Erden und in der Gesellschaft zurückzuhalten.

Hier haben wir also ein klares Bild dessen, dass Gott seine Hand von der menschlichen Natur zurückzieht und was daraus resultiert, sehen wir überall um uns herum. Wer könnte etwas gegen diese Analyse des Paulus einwenden, was geschieht, wenn Gott seine mäßigende und schützende Hand von der Gesellschaft nimmt? Doch in der Bibel lesen wir, dass zum Ende hin Gott seine mäßigende Hand auch von der Natur wegziehen wird und deshalb wird sie sich immer schlechter benehmen. Dies wird immer mehr zunehmen.

Ein weiterer Schock, mit dem uns die Bibel konfrontiert, ist die Tatsache, dass Jesus selbst Anteil an diesem Wirken Gottes hat. Das Buch der Offenbarung beschreibt, wie Jesus die Siegel an der Schriftrolle bricht, auf der der letzte Countdown unserer Geschichte geschrieben steht und indem er diese Siegel bricht, setzt er – Jesus – Krieg, Blutvergießen, Seuchen und Tod unter den Menschen frei. Wir müssen dies berücksichtigen, wenn wir den Charakter und die Natur unseres Herrn Jesus Christus im vollen Umfang verstehen wollen.

Somit geht die Bibel davon aus, dass sich Katastrophen, die einen menschlichen oder einen natürlichen Ursprung haben oder beides, immer mehr häufen werden. Deshalb muss ich Ihnen leider sagen, dass der Tsunami in Asien einer in einer ganzen Reihe von Tsunamis war, die an Häufigkeit und Stärke zunehmen werden, bis zuletzt, wie es heißt, ein gigantisches Erdbeben kommen wird, das die ganze Erde erschüttern wird, alle tektonischen Platten werden aneinander reiben und Megatonnen von Energie freisetzen, sowohl auf dem Land als auch unter Wasser. Das ist das Szenario, das ich in meiner Bibel vorfinde, und es ist nicht sonderlich angenehm, aber wir werden sehen, ob die Aussagen der Bibel stimmen oder nicht.

Und noch eine Überraschung, die uns die Bibel liefert: Gott hat diese Welt abgeschrieben. Sie hat den Punkt, an dem sie noch erlöst werden könnte, schon überschritten. Sie ist bereits zu verschmutzt, als dass sie sich noch erholen könnte. Er hat in seinem Terminkalender ein Datum eingetragen, an dem er nicht nur den Planeten Erde auflösen wird, sondern das ganze Universum rund herum. Und er wird es ganz genau so machen, wie Einstein es vorausgesagt hat. Einsteins einfache Formel $E=mc2$ bedeutet ganz einfach, dass die Menge an Energie, die in irgendeinem Materieteilchen steckt (in diesem Buch oder in irgendeinem Materieatom), der Masse dieser Materie mal der Lichtgeschwindigkeit im Quadrat entspricht. Das ist eine immense Menge an Energie. Dieser Sachverhalt führte direkt zur Atombombe und zur Wasserstoffbombe, die Freisetzung einer unglaublichen Energiemenge aus einem winzigen Stück Materie. Jede Zelle im Universum, jedes Materieteilchen ist „eingepackte Energie", die Gott darin eingepackt hat, und es heißt, dass er zwar früher eine ganze Welt mit Wasser vernichtete, sie aber am Ende mit Feuer vernichten wird. Daraus schließe ich, dass er einfach die Energie freisetzen wird, die er „eingepackt" hat, wodurch das Ganze ausbrennen wird.

Das ist nicht sehr angenehm, nicht wahr? Aber es gibt eine bemerkenswerte Aussage aus dem Munde Jesu, der all das voraussagte, und sie lautet: Dieses entsetzliche Leiden sind Geburtsschmerzen und keine Todesschmerzen. Ja, Tod kann sehr schmerzhaft sein, aber Geburt ist auch schmerzvoll. Und Jesus sagte: Wenn ihr hört, dass all diese Katastrophen zunehmen, dann macht euch nicht allzu große Sorgen, die Schöpfung liegt „in den Wehen" der Geburt einer neuen Welt, die kommt. Das ist eine völlig andere Perspektive, aus der man diese Häufung von Katastrophen betrachten kann, nämlich dass sie den Beginn einer neuen Welt markieren. Gott hat schon beschlossen, diese Welt zusammenzufalten und einen neuen Himmel und eine

Werden sie jemals aufhören?

neue Erde zu schaffen: einen neuen Planeten Erde und ein neues Weltall drumherum. Brandneu. Und dabei wird er ganz sicher für eines sorgen: dass nie etwas Schlechtes in diese neue Welt eindringen wird. Er hat sich für einen kompletten Neuanfang entschieden. Er wird ein brandneues Universum machen, in dem Gerechtigkeit wohnt. Einfach ausgedrückt, bedeutet das, dass nichts und niemandem gestattet werden wird, es in irgendeiner Weise zu verunreinigen.

Was für eine Zukunftsvision! Man findet sie nur in der Bibel, denn darin sagt Gott uns, was er tun wird. Die Bibel ist ein Geschichtsbuch, aber anders als alle Geschichtsbücher, die man in den Bibliotheken findet. Sie beginnt früher und endet später als alle anderen Geschichtsbücher. Sie beginnt mit dem Anfang unserer Welt und endet mit deren Ende. An ihrem Ende wird eine neue Welt geboren, geboren von demselben Gott, der uns dieses Universum geschenkt hat. Das lehrt die Bibel.

Ist das in Ihren Ohren eine gute Nachricht? Nun, ich würde es Ihnen nicht übelnehmen, wenn Sie sagen würden: „Da bin ich mir nicht so sicher", denn Ihre Chancen, in diese neue Welt hineinzukommen, sind gleich null, wenn Gott niemanden hineinlässt, der sie in irgendeiner Weise verunreinigen könnte, sei es in moralischer oder physischer Weise oder wie auch immer. Dann haben Sie und ich keine Chance.

Somit endet die Bibel in gewisser Weise mit einer sehr schlechten Nachricht. Doch Moment mal: Wer wird diese neue Welt bewohnen? Wer wird dafür geeignet sein und wie kann Gott es verhindern, dass es mit dieser neuen Welt genauso schief laufen wird wie mit der alten? Wir müssen zurück an den Anfang:

„Warum schuf Gott überhaupt den Menschen?" Meine Antwort lautet und ich befürchte, dass es eine sehr simple Antwort ist: Er hatte schon einen Sohn und hatte so viel Freude an ihm, dass er gerne eine größere Familie haben wollte. Ich kann es nicht einfacher formulieren. Ich glaube, dass er uns aus genau diesem Grund schuf, eben damit wir seine Söhne und Töchter seien, nicht

WARUM LÄSST GOTT NATURKATASTROPHEN ZU?

seine natürlichen Kinder; er hatte nur einen natürlichen Sohn (oder einen „eingeborenen" bzw. „einzig geborenen" Sohn, wie die Bibel es formuliert), sondern seine adoptierten Kinder. Er wollte, dass wir seine Großfamilie sind, Anteil haben an seiner Liebe, Anteil haben an der Beziehung, die er schon mit seinem Sohn und mit seinem Geist hatte. Das war, der Bibel zufolge, das ganze Konzept, das hinter unserem Erscheinen im Universum steckte.

Andere sagen womöglich, wir seien das Resultat eines glücklichen Unfalls; wir seien reiner Zufall; es sei Glück gewesen, dass Moleküle genauso zusammenkamen, dass wir dabei herauskamen. Sie können gerne diese Überzeugung vertreten. Ich bin der Anschauung, dass ich mehr Glauben bräuchte, um das zu glauben als zu glauben, dass mich jemand in diese Welt hineingesetzt und mich ihm ähnlich gemacht hat, so dass ich eine Beziehung und Gemeinschaft mit ihm haben könnte.

Stellen wir uns noch eine andere Frage. Wenn Gott diese Welt schon abgeschrieben hat, wenn er sowieso einen Neuanfang machen wird, warum macht er dann nicht einfach Schluss? Warum zerstört er die Welt Stück für Stück? Warum löst er nicht eine einzige riesige Katastrophe aus, die uns alle hinwegfegt und fängt dann neu an? Die Antwort lautet: Das will er nicht tun. Er hat keine Freude daran, zu zerstören, was er geschaffen hat. Er hasst das. Er muss es tun, weil er so gerecht ist, aber er hasst es, das zu tun. Es bereitet ihm überhaupt keine Freude. Er ist kein Sadist. Er rächt sich nicht an uns. So ist Gott nicht. Er möchte uns nicht einfach so gehen lassen. Er möchte uns nicht alle auslöschen müssen. Tatsächlich hat er sich einen erstaunlichen Plan zurechtgelegt. Angenommen, er würde uns einfach hinwegfegen, ein neues Universum machen, neue menschliche Wesen machen und die dann dort hineinsetzen. Wie lange würde es Ihrer Meinung nach dauern, bis sie dasselbe tun werden, was wir auch getan haben? Wohl kaum länger als eine Generation. Oder nehmen wir ein anderes Szenario: Nehmen wir an, er würde Menschen für dieses neue Universum machen, die nicht schlecht sein könnten, die Marionetten wären, die gezwungen wären, gut zu sein, die gezwungen wären, gehorsam zu sein, die gezwungen wären, Gottes Gesetze zu halten. Das wäre keine Familie, denn die Liebe innerhalb einer Familie kann nur darauf beruhen, dass sich Menschen freiwillig dazu entscheiden, in dieser Familie zu sein, Menschen, die geliebt werden und lieben wollen, Menschen, die die Söhne und Töchter ihres himmlischen Vaters sein wollen, damit würde dieser Sinn und Zweck vereitelt. Wie sieht dann dieser großartige Plan aus? Er sieht so aus, dass einige von uns so verändert werden, dass wir in diese neue Welt hineingehen können, ohne sie zu verunreinigen. Ich kann es nicht einfacher formulieren. Gott möchte einige aus jeder ethnischen Gruppierung dieser alten Welt in der neuen Welt haben, weil er ja jede ethnische Gruppierung geschaffen hat. Er will Menschen aus allen Nationen und Stämmen und Zungen und Völkern in dieser neuen Welt. Aber er wird niemanden von uns zwingen, dort zu sein. Er sucht Menschen, die sich freiwillig verändern lassen. Die Bibel verwendet dafür das Wort „Buße", aber ich möchte es in diesem Zusammenhang ganz schlicht formulieren.

Gott hat beschlossen, dass all jene, die bereit sind, sich verändern zu lassen, in dieses neue Universum hineingehen und dort leben können und nachdem sie bereits in dieser Welt gelebt und mit angesehen haben, was geschieht, wenn sie gottlos wird, und ihnen vor Augen stand, in welchen Schlamassel wir sie verwandeln, werden diese Menschen so etwas nie wieder erleben wollen. Sie werden mit alledem abgeschlossen haben. Sie werden gut sein wollen und sie werden gut sein.

Eines ist absolut sicher: Sie und ich, wir können uns selbst nie gut genug für Gott machen. Viele Leute haben das versucht. Die meisten versuchen es gleich gar nicht. Die meisten Leute sagen einfach nur: „Nobody is perfect!" und nehmen sich selbst so an, wie sie sind. Sie sagen: „Das menschliche Wesen kann man nicht ändern." Das ist eine Lüge, es stimmt allerdings, dass Sie und ich das nicht können. Gott aber schon. Und er wird es tun. Jemand sagte einmal, Gott könne mit einem Leben, das ein Scherbenhaufen ist, Wunder tun, vorausgesetzt, dass er alle Scherben in die Hand bekommt. Er kann sie wieder zusammensetzen. Er kann Sünder in Heilige verwandeln. Er kann Gottlose in Gerechte verwandeln. Er kann aus schlechten Menschen gute Menschen machen. Das ist das Evangelium, das ich predige. Das ist das Evangelium, das die Bibel predigt. Es ist ein Evangelium der Veränderung der menschlichen Natur, so dass aus schlechten Menschen gute werden, die so dankbar dafür sind, dass sie nie wieder in so einer alten Welt leben, sondern vielmehr gut sein wollen.

Hierzu ist, kurz gesagt, das Wirken dreier Personen erforderlich: Gott Vater, Gott Sohn und Gott, der Heilige Geist. Der erste Schritt sieht so aus, dass Gott sagt: „Ich werde deine Vergangenheit vergessen. Ich werde vergeben und vergessen. Ich werde dich so behandeln, als seist du bereits völlig unschuldig, als seist du bereits völlig gerecht." Wir bezeichnen dies als „angerechnete Gerechtigkeit", weil Gott uns als unschuldig deklariert. Er verwendet den Begriff „gerechtfertigt" oder „freigesprochen". Es ist ein Begriff aus dem Rechtswesen. Er sagt: „Dieser Mensch ist in meinen Augen gut." Ich liebe die englische New Guinea Pidgen English Bible, weil sie oft so anschaulich und prägnant formuliert. Unter anderem sagt sie dort, wo es in Ihrer Bibel „gerechtfertigt" heißt: „Hey, Gott sagt, ich bin völlig in Ordnung." Ist das nicht großartig? Gott sieht mich an und sagt: „Er ist völlig in Ordnung. Ich kann nichts finden, was an ihm auszusetzen wäre." Das ist Vergebung. Wie gesagt, ist das nur möglich, weil Jesus die Strafe bereits bezahlt hat. Gott ist so gut, dass er nicht einfach so über das hinwegsehen konnte, was ich gewesen bin und getan habe und gesagt und gedacht habe. Das konnte er nicht; dafür ist er zu gut. Gott kann uns nicht einfach so davonkommen lassen, doch wenn jemand anderer die Strafe für uns bezahlt hat, kann er uns wie Unschuldige behandeln.

Doch das ist erst der Anfang der Veränderung. Wir sind im

Werden sie jemals aufhören?

Grunde immer noch die alte Person und der „alte Mensch" wird von Zeit zu Zeit sein hässliches Haupt erheben. Aber ein neuer Mensch wird geschaffen und die dritte Person der Dreieinigkeit, der Heilige Geist, ist es, der das tut. Christus starb, um für uns die Strafe zu bezahlen. Der Heilige Geist wird mir Gottes Gerechtigkeit zuteilen. Er wird mich vollkommen machen.

Meine Frau hat einen starken Glauben, aber es gibt etwas, das ich predige, das in ihren Augen schwer zu glauben ist und das sagt sie mir auch, und zwar, wenn ich ihr sage, dass ihr Mann eines Tages vollkommen sein wird. Dann sagt sie zu mir: „Wenn mein Glaube auf Erfahrung beruhen würde, könnte ich das nicht glauben." Aber dann fügt sie hinzu: „Ich werde versuchen, meinen Glauben auf Gottes Verheißungen zu gründen." Und Gott hat verheißen, mich vollkommen zu machen, sein Bild in mir wieder herzustellen, aus mir einen guten Menschen zu machen, der tauglich ist, in seine neue Welt zu gehen, ohne sie zu verunreinigen, ohne sie für andere Menschen zu verschmutzen, ohne sie für ihn zu verschmutzen. Das ist die frohe Botschaft des Evangeliums von Jesus Christus.

Kommen wir nun wieder zurück zu unserer Frage nach den Naturkatastrophen. Jetzt können wir sie aus einem biblischen Blickwinkel betrachten. Wenn ich beispielsweise an den Tsunami denke, dann glaube ich zunächst einmal nicht, dass er auf ein spezielles Ziel gerichtet war. Ich meine damit, dass ich nicht glaube, dass Gott sich für diesen Tsunami oder das Erdbeben, das ihn auslöste, einen speziellen Ort oder eine spezielle Zeit ausgesucht hat. Ich habe gehört, dass manche Leute das so sehen. Ich habe beispielsweise einige Leute sagen hören, der Ort sei speziell gewählt worden. Ich hörte, wie ein muslimischer Mullah sagte, Allah habe dabei ganz speziell die Sexindustrie im überwiegend buddhistischen Thailand im Visier gehabt. Dabei übersah er geflissentlich, dass Sumatra, ein muslimisches Land, am schlimmsten davon betroffen war. Dann hörte ich, wie ein christlicher Prediger sagte, der Tsunami habe auf Sumatra

WARUM LÄSST GOTT NATURKATASTROPHEN ZU?

abgezielt, weil Christen in Indonesien, zu dem Sumatra gehört, soviel Leid widerfährt. Dabei übersah er geflissentlich, dass der Tsunami in Indien am heftigsten im Bundesstaat Tamil Nadu wütete, dem christlichsten Teil Indiens, wo 13 Prozent der Bevölkerung Christen sind, und in Sri Lanka lebten viele Christen an den Küsten. Ich glaube deshalb nicht, dass wir sagen können, Gott habe ein bestimmtes Ziel damit verfolgt oder ihn speziell platziert, um bestimmte Menschen zu strafen. Ich glaube auch nicht, dass ein sorgsames Timing dahintersteckte. Es war der 2. Weihnachtsfeiertag, ein christlicher Feiertag, und es war ein Vollmondtag, was wiederum einen Zusammenhang mit dem Islam herstellen würde, aber ich glaube nicht, dass hinter Zeit und Ort eine Absicht steckte. Ich glaube, dass der Tsunami eine globale Warnung war, dass Gott uns an seine Gerechtigkeit erinnerte, dass wir alle Katastrophen verdient haben, dass wir alle den Tod verdient haben, ja sogar einen verfrühten und gewaltsamen Tod. Aber er erinnerte uns auch an seine Gnade, dass er uns nicht alle vernichtet. Er gibt denen unter uns, die überlebt haben, noch mehr Zeit, um Buße zu tun, noch einmal über das Ganze nachzudenken und mit ihm klar Schiff zu machen. Die eigentlichen Fragen, die wir uns stellen müssen, lauten nämlich: Warum schreie ich zu Gott, wenn ich leide und nicht, wenn ich sündige? Warum schreie ich in Angst und Not zu Gott und nicht in Versuchung? Worüber mache ich mir in meinem Leben wirklich Sorgen, über Unannehmlichkeiten oder über meinen Ungehorsam?

Wenn wir uns Gott zuwenden und sagen: „Gott, ich brauche deine Hilfe. Ich brauche dich, dass du aus mir einen guten Menschen machst, damit ich in deiner neuen Welt leben kann", dann kommt die Sache erst so richtig ins Rollen.

www.ingramcontent.com/pod-product-compliance
Lightning Source LLC
Chambersburg PA
CBHW052112070526
44584CB00017B/2450